心学大师湛若水丛书

湛若水的治国之道

唐雄山／著

广州新华出版发行集团
广州出版社

图书在版编目（CIP）数据

湛若水的治国之道／唐雄山著．—广州：广州出版社，2018.7

（心学大师湛若水丛书）

ISBN 978-7-5462-2808-2

Ⅰ．①湛…　Ⅱ．①唐…　Ⅲ．①湛若水（1466—1560）—政治思想—研究　Ⅳ．①B248.995

中国版本图书馆CIP数据核字（2018）第154225号

书　　名　湛若水的治国之道
Zhan Ruoshui de Zhiguozhidao
出版发行　广州出版社
（地址：广州市天河区天润路87号9楼、10楼　邮政编码：510635
网址：www.gzcbs.com.cn）
策　　划　柳宗慧
责任编辑　杨珊珊　区力文
文字编辑　周振宇
责任校对　黄焕姗
封面设计　肖晓文
印刷单位　广东信源彩色印务有限公司
（地址：广州市番禺区南村村东兴工业园　邮政编码：511442
电话：020-31035501）
规　　格　787毫米×1092毫米　16开
字　　数　157千
印　　张　10.25
版　　次　2018年7月第1版
印　　次　2018年7月第1次
书　　号　ISBN 978-7-5462-2808-2
定　　价　38.00元

前言

湛氏若水（1466—1560），初名露，字民泽，后因避祖讳，改名雨，40岁时开始定名若水。字元明，号甘泉，谥号文简。明代著名思想家、教育家、政治家。甘泉是明代心学奠基者陈白沙的衣钵传人，他们创立的学派被称为岭南心学，以便区别于王阳明为代表的阳明心学。甘泉寿高，享年95岁，年少之时父亲去世，只能跟随母亲四处飘零，生活不乏艰难困苦。尔后经过科举仕进，由朝廷中的庶吉士做起，最后做了官属二品的礼部、吏部、兵部的三部尚书。当然，他曾亲历了明代官场的险恶，也懂得人间世故，虽然也会遇到诬蔑、陷害，甚至弹劾之类，但他都能安然度过，这其中不乏有人生智慧。甘泉一生不忘讲学，创办书院，招收门徒，传道授业、明理解惑。他勤于著述，善于思考，学术成果丰硕，思想博大精深，其中有经济的、政治的、礼法的、教育的、家规的、哲学的，等等，不愧为一代宗师，与同时代的王阳明堪称思想双峰。不唯如此，他的书院思想以及甘泉学派思想的形成及传承等，都值得人们去认真研究，以便从中汲取精华，为现代的社会建设、经济发展、精神文明、人格培养提供可以借鉴的理论资源。

甘泉学说继承白沙，白沙学说的基本特点是突出人的主体性以及人的本体地位。“天地我立，万化我出，而宇宙在我。”“我”非小我，也非私我，“我”是大我，也是天理。这个“我”是一种境界，也是一种胸怀，“我”是堂堂正正，直道而行，正义凛然，顶天立地。同时，也有一种理性认知，“我”不囿于一己之私，不拘于陈说陋习，也不屈于世俗权威。“我”的特点在“知疑”，“学贵知疑”。学是觉悟，疑是批判。只有思考批判，才能有所觉悟，也才会有进步，小疑小进步，大疑大进步，不疑不进步。白沙主张“静坐”，因为“静坐”，“久之，然后见吾此心之体隐然呈露，常若有物”。即“静坐”能体悟到“心”之本体的存在。平时人们可能会因为外在事物的缠绕，生活的繁忙，忘记了对自我的反省，忘记了“吾日三省吾身”。而只有在“静”下来的时候才会去思考什么是有意义的，什么是无意义的，什么是值得的，什么是不值得的。所以“静”是一种消极自由，一种不被世俗左右的自由，这实际就是意志自由、人格独立。和“主静”有关的是“自得”，所谓“自得者，不累于外物，不累于耳目，不累于造次颠沛，鸢飞鱼跃，其机在我”。“自得”说的是自主，不仅不被外物决定，而且又是自由自在，即“鸢飞鱼跃，其机在我”。因为“我”是主体。当然，白沙哲学中还有个“自然”范畴，“自然”源自道家，白沙引用了，并把它作为自己哲学的基本范畴，同时赋予了“心学”的意义。“自然”是“道”，“自然之乐，乃真乐也。宇宙间复有何事”。人生真正的“乐”是对“道”的“乐”，对于“道”的“乐”就是“自然之乐”，有了这种“乐”，其他的乐也就不算什么了。白沙处世大气，为人狂放，常思“我大而物小”，物之小者不足以夺取我之大者。作为儒者，他的自由绝对不是肆无忌惮、放荡不羁，而是“从心所欲而不逾矩”，是在自由洒落中对于义理的坚守，“义理须到溶液处，操存须到洒落处”。

甘泉学说不同白沙学说，白沙主静，甘泉主敬，甘泉说：“善学者，必令动静一于敬，敬立而动静浑矣。此合内外之道也。”什么是内外之道，内是道德理性，外是道德实践，道德理性很好地落实在道德实践中就是合内外之道。如果说“静”是一种消极自由，是不累于物，那么，“敬”就是一种积极自由，它要求儒者对于道德律令的真诚遵守，即先哲说的“执事敬”。实际上，这就是甘泉所理解的“自得”。在他看来，人能“执事敬”，就能有“自得”。他说：“若仆之愚见，则于圣贤常格内寻下手，庶有自得处。”“常格内寻下手”就是“体认天理”，“随处体认天理”是甘泉的发明，白沙给予了充分肯定：“日用间随处体认天理，著此一鞭，何患不得到古人佳处也。”甘泉解释：“吾之所谓随处云者，随心、随意、随身、随家、随国、随天下、随其所寂所感时耳，一耳。寂则廓然大公，感则物来顺应，所寂所感不同，而皆不离于吾心中正之本体。”就是在任何时候、任何情况下都要自觉体认“天理”的存在，并把它贯彻下去。不论是动，还是静，是感，还是寂，都不要忘记“天理”。寂静之时的“廓然大公”和动感之时的“物来顺应”，都是对于“天理”的自觉。所以，在“体认天理”的过程中，既有“心”，也有“物”；既有“知”，也有“行”。故“体认天理者，兼知行、合内外言之也。”“体认天理”包含了知行合一、表里如一和言行一致。它是一种工夫，工夫熟后，即是“自然”。所谓“自然”者，不见人为，不假人力，“不勉而中，不思而得”，自然而然，毫无造作，它是一种修养，也是一种境界。

甘泉不同于阳明，尽管他们是好朋友，也都属于心学一系。但他们都不苟且于对真理的探索和坚持，在具体的学术观点上他们有分歧。甘泉讲“心无所不包”和“心无所不贯”。阳明讲“心外无物”和“心外无理”。“心无所不包”说的是“心”包含了万物的存在，形上之“心”是万物的价值之源，“心无所不贯”说的是形上之“心”贯穿于万事万物中，当然也贯穿在人的言行当中。阳明讲“心外无物”突出了形上之“心”的价值之源，强调的是“致良知”，同时，在价值存在上否认了“物”的独立自在性，故后来的王学禅化在这里就埋下了伏笔。日本学者冈田武彦对甘泉的评价也许能说明问题：“湛甘泉豪迈峻敏，虽在力量上不如使其学风靡一代的阳明，但却比阳明资格稍老。他始终以体认之学为宗，其学与王学相互出入。阳明死后，湛甘泉又保持三十余年的长寿，在纠正当时朱子学亚流之弊的同时，又致力于救正王学亚流的猖狂之弊。”应该说，这个评价比较公允。

除了哲学之外，甘泉还有教育、礼法、政治，乃至经济思想等。甘泉重视教育，据史料记载：他建的书院（包括帮他建书院者）就有35所，其中广东地区有22所，如在西樵山建云谷书院、大科书院，在增城建龙潭书院、独冈书院、莲洞书院，在罗浮山建甘泉精舍、天华精舍，在白云山建白云书院，在广州建天关书院等。他的弟子接近4000人。陈裕荣编著的《湛甘泉门生弟子考录》一书记载有名有姓的弟子就达649位。明末清初的黄宗羲，在师承上就属甘泉的四传，即甘泉传唐枢，唐枢传许孚远，许孚远传刘宗周，刘宗周传黄宗羲。在教育中，甘泉重视人格培养和实践教学，他说：“君子之学也，犹之锻金也，不炉不锤则金不精。事也者，学之炉锤也，不历事则仁不熟。不熟，仁之弃也。夫仁也者，贵熟之。”人的品质不仅是学来的，更重要的是锻炼出来的，这锻炼就是在事上磨，事上磨就是社会实践。

甘泉关注礼教，不论是在书院的训规中，还是自己的家训中，都讲到许多有关礼规的内容，同时也非常重视这方面的训练。这其中就包括日常生活中的洒扫应对、爱亲敬长、隆师亲友等。这些都是做人的基本礼节。如《大科训规》说：“诸生相处，务守长幼之节。”“诸生相聚，不可自是自高，无长幼之序，虚心相下，非但礼所当然，亦且受益。”说的是弟子之间的相互尊重。《家训》讲：“凡父母在，兄弟不得各爨。每晨与兄弟同造父母之所，问夜寝安否，食能美否。父母问诸子过失否，过失安在，各前跪对。”其中所说应该以家庭的统一为重，子女要向父母问候请安，父母要问子女做事有无过错。另外，对于传统的吉礼、凶礼、军礼、宾礼和嘉礼，以及乐、射、御中有关礼的问题也都有论述。

在政治经济方面，他承续中国的德治传统，主张以德治国，强调对于“国之理”的认知。他说：治国首先要认识“国之理”，“《大学·治国章》以孝、弟、慈，以心，以仁让，以恕言之，吾心感应乎国之理也，是故事君使臣也、立教兴化也、事长慈幼也、使众临民也、正朝廷也、正百官也、正万民也，皆国之事理也。”这说明治国不能离开德的要求，礼法固然重要，但德更为基本，礼法应该建立在德的基础之上。在经济上，他重视农桑，强调民事的重要性，“事神者，敬天是也。治民者，农桑是也。……农桑之务，乃衣食之源，民事之最急者也。”

总之，甘泉思想中蕴含着丰富的宝藏，需要人们去挖掘、研究和传扬。广东省岭南心学研究会近年来主持并完成了国家古籍整理出版资助项目《湛若水全集》（约400万字）的点校，同时组织《心学大师湛若水丛书》课题，经广东省社科联积极向中共广东省委宣传部申报广东省“理论粤军”项目，课题获得批准。广州出版社对《心学大师湛若水丛书》的出版高度重视，列入重点项目出版计划，精心组织出版。我们在整理甘泉思想资料的基础上，推出这套丛书，目的是从不同维度去揭示其思想内涵，呈现其历史意蕴，发现其所潜含的现代价值。希望丛书能够对读者全方位地了解湛若水有所裨益。

广东省岭南心学研究会

2018年6月

目 录

第一章
治国理政，理念为基

湛甘泉的治国理政思想始终贯穿、渗透了四个核心理念：天理普在，随处体认；人性向善，尚须塑造；以民为本，敬民畏民；倡导“一体”，国运方长。这四个核心理念是湛甘泉治国理政思想的基石。

一、天理普在，随处体认

（一）“天理”的三个层面与特征

在湛甘泉的思想体系中，“天理”是一个最重要、最核心的概念，也被表述为理、道、大道、达道，其内涵可以分为三个层面。

第一个层面，就世界的万事万物而言，万事万物之间的总体与总趋势的平衡便是“天理”。湛甘泉用爻、器、阴、阳、刚、柔来表述万事万物及其特性，用“中”来表示万事万物之间的平衡。宇宙间的万事万物互相依赖、互相矛盾、互相制约，进而达到互相平衡的状态。这种互相平衡的状态就是“道”，就是“天理”，就是所谓的“中”。湛甘泉说：“吾观于大易，而知道器之不可以二二也。爻之阴阳刚柔，器也；得其中焉，道也。”

第二个层面，就人性而言，人性各个要素的总体与总趋势的平衡便是天理。湛甘泉说：

“器譬则气也，道譬则性也。气得其中正焉，理也，性也。是故性气一体。或者以互言之，二之也夫。故孟氏曰：‘形色天性也。’又曰：‘有物有则。’则也者，其中正也。《易》曰：‘一阴一阳之谓道。’其阴阳合德也乎！”

从上述这段话来看，湛甘泉在这里提到了两种性。一种性是“气形之性”。“形色天性也”中“形色”是指代词，指代人随气形而来的自然之性，它包括了生存欲与死亡欲、占有欲与放弃欲、同情怜悯心与冷漠心、承担责任的欲望与推卸责任的欲望，等等。另一种性是“气形之性”平衡的产物。湛甘泉说“气得其中正焉，理也，性也”。这里的“中正”就是平衡，气形之性平衡的状态就是理，就是中庸，就是“则”，也就是所谓的道，它是人气形之性的理想组合形态。“一阴一阳之谓道”实谓阴阳平衡就是道。在人的气形之性中，生存欲为阳，死亡欲为阴；占有欲为阳，放弃欲为阴；同情怜悯心为阳，冷漠心为阴；承担责任的欲望为阳，推卸责任的欲望为阴。根据湛甘泉的思想，天、地、万物（包括人性）、阴阳平衡就是天理。

第三个层面，仁、义、礼、孝、悌、慈、怜、让、忠、诚、俭等便是天理。在中国传统的思想中，仁的内涵十分丰富，同情、怜悯、关怀、爱、孝、悌、慈等都是仁。除了将仁视为“天理”外，湛甘泉将义、礼、俭、诚、正也视为“天理”。

从上述的分析论述及其他相关的资料来看，可知湛甘泉思想中的“天理”具有四个特点。第一个特点是，“天理”即是万事万物的本源，也是万事万物的本体，即具有本源—本体性。第二个特点是，“天理”既是事实本体，也是价值本体。第三个特点是，“天理”作为万事万物的本体，具有普遍性。第四个特点是，“天理”具有源、体、用的贯通性。

（二）“天理”与治道的关系

“天理”的内涵及特点决定其与治国理政之间的关系：“天理”存在于治国理政之中，并贯穿治国理政的全过程，实际上，治国理政的过程便是体认“天理”的过程。

湛甘泉认为，“天理”是治道之本体，是治国理政的理论基石与核心。

湛甘泉说：

“存天理则天命眷之，失天理则天命去之。其去就予夺之几无常而难保也。……人君当无一念而不敬以合乎天理，则天命归之矣。”

湛甘泉又说：

“商之得民非商求于民也，民之所归者在一德尔。一德者，纯一之德，即天理也。夫人心有一毫私意之杂，则天理息矣。”

管理者在治国理政的过程中会遇到各种各样的事情，面对各种各样的人，制定各种各样的政策。祸与福，祥与不祥，就看自己是否“随处体认天理”，是否以“天理”为依归。如果“随处体认天理”，以“天理”为依归，则“天下治矣”。

湛甘泉认为，“天理”是治国理政之本体，治国理政则是“天理”之用，即治国理政是“天理”的具体执行与操作，是“天理”在国家政治事务方面的落实。《格物通卷十九・正心中》引孟子之言：

“恻隐之心，仁之端也；羞恶之心，义之端也；辞让之心，礼之端也；是非之心，智之端也。人之有是四端也，犹其有四体也。有是四端而自谓不能者，自贼者也。谓其君不能者，贼其君者也。凡有四端于我者，知皆扩而充之矣，若火之始然，泉之始达，苟能充之，足以保四海，苟不充之，不足以事父母。”

对此，湛甘泉做了深度的解释：

“孟子此章直指本心体用全具，可谓深切而着明矣。不忍人之心即心之生理，所谓仁也，即下恻隐之心至于羞恶辞让是非之心，即是四端之发，随感而异见尔，非谓原有四心也。夫惟圣人有是心则有是政者，所谓体用一原也。君子能知是心而扩充之，复其本心也；众人不能，则此心虽发，将随发随泯，自暴自弃者也。虽然，充之则足以保四海，不充之不足以事父母，是故帝尧之德光被四表，后之人主或以天下之大不能悦其亲，而遂肆欲以危宗庙社稷，是心充与不充之间其所系，岂细故哉？故人君苟不失其本心之正，斯不失天下之心，而天下国家可保也。”

“本心体用全具”中“本心”便是“天理”。湛甘泉认为，孟子的论述打破了由体到用的隔阂，使体用贯通而成为一个整体。“体用一原”是指，“天理”是治国理政之体，是治国理政的理论核心与基础，治国理政则是用，是“天理”的具体体现、具体实行（操作）；治道之所以为治道，是因为治中有道，即有“天理”；如果没有“天理”或离开“天理”，则无以为治；没有治，则“天理”空悬，没有落着处。对此，湛甘泉在《格物通卷四十三治国格·序》有精彩的论述：“治国何以言格物也？程颐曰：‘格者，至也；物者，理也。’至其理乃格物也。至也者，知行并进之功也，于国焉而至之也，至其在国之理也。故《大学·治国章》以孝、悌、慈，以心，以仁、让，以恕言之，吾心感应乎国之理也，是故事君使臣也、立教兴化也、事长慈幼也、使众临民也、正朝廷也、正百官也、正万民也，皆国之事理也。人主读是编焉，感通吾心治国之理，念念而知于斯，存存而行于斯，以有诸己则格物之功，庶乎于治国而尽之矣。”

湛甘泉的“天理”思想对我们当代国家治理具有重要启示：第一，人与自然要保持总体平衡，自然万物之间也要保持总体平衡；第二，人性诸要素之间、人性诸层次之间要保持总体与总趋势的平衡；第三，当我们面临价值选择，人性暂时无法取得总体平衡时，我们便要舍欲从理，让仁、义、礼、孝、悌、慈、怜、让、忠、诚、俭等主导我们的心灵与行为。

二、人性向善，尚须塑造

湛甘泉治国理政的第二个核心理念就是要塑造理想的人性组合形态。

在上一节中已经提到，在湛甘泉的思想体系中，人性是由许多要素构成的。湛甘泉将人性众多要素类型化为理与欲。人性众多的要素在不同的情境下形成不同的组合形态，在湛甘泉的思想中，中庸，即人性平衡，是一种理想的人性组合形态，这种理想的人性组合形态被称为“天理”、达道、道、理。另外，上一节也提到，湛甘泉将人性中仁、义、礼、俭、诚、正等也视为“天理”，其中仁包括同情、怜悯、关怀、爱、孝、悌、慈等，这也是《大学》中所谓的“明德”。所谓的“明明德”就是发扬、光大人性中的仁、义、礼、俭、诚、正等，即使得仁、义、礼、俭、诚、正等在人性组合形态中取得主导地位。

在湛甘泉看来，人性中的“天理”由于后天的各种原因而被遮蔽、被压抑，但是被遮蔽、被压抑并非丧失，“天理”依然存在于人性之中。既然这样，那就可以去除遮蔽，让“天理”重放光彩，使“天理”在人性中取得主导地位，或者使“天理”与人欲达到某种平衡。所以，湛甘泉说：“性者天之道也，其赋之人也有气，气则形，形则物，感之而欲生焉，而天性蔽矣。蔽非亡也，非亡则可复。”

关于理想的人性组合形态塑造的路径，湛甘泉提到了两个方面：一是个体的内在功夫，二是个体所处的外在环境。

（一）理想人性组合形态塑造的内在功夫

从湛甘泉的思想体系来看，理想人性组合形态塑造的个体内在功夫主要有“主立”与孔门心法。

1. “主立”

湛甘泉认为，人性是天地赋予人的德性，是自然而然的。后天的学习不是增加人性，而是让人回归到人的本真。要让人回归到人的本真，就要参省天地万物。从参省天地万物可以得知，人的本真具有多元性，也就是说，有“多个我”同时存在。“多个我”之间会存在矛盾与斗争，会争夺主导权。在湛甘泉看来，代表理义性的“我”应取得主导地位。只有代表理义性的“我”取得主导地位，我们才会“不蔽于物”，才会“物物穷格而天下之理得”，即“夫心亦在乎主之而已，主立而外物不能入”。

“主立”对管理者十分重要，《泉翁大全集卷之三十二・文集・杂著·答问》载：

> “某生某官某，将行，问政于甘泉子。甘泉子曰：‘尽分（焉）尔矣。’‘何谓尽分？’曰：‘尽心焉尔矣。尽其心而分不尽者，（未）之有也。尽心者莫如家，太上家天下，其次家一省，其次家一郡，其次家一邑。故卿大夫百执事，以君相之心为心，如一家焉，则天下治矣。参藩而下，以方伯之心为心，如一家焉，则一方治矣。府佐而下，以太守之心为心，如一家焉，则一郡治矣。丞簿以令尹之心为心，如一家焉，则一邑治矣。诚使天下之丞佐视其君长如家长，则德意下布，下情上达，上下交通，惠泽流行，虽欲不治可得乎？子也其勉之哉！将无感不应矣。’”

人性具有群体性，群体性可以分为不同的层次，湛甘泉在这里提到了天下性、省性、郡性、邑性四个层次。人性中的群体性与自我性（自体性）同时存在，且互相矛盾与斗争。作为“官”（即管理者），其人性的组合形态应该是群体性处于主导地位，自我性（自体性）处于次要地位。心（即思，思维模式与思维角度）在调节群体性与自我性（自体性）的过程中起了主导作用。作为卿大夫，天下性就应在其人性组合形态中处于主导地位；作为一省之长，省性就应在其人性组合形态中处于主导地位；作为一郡之长，郡性就应在其人性组合形态中处于主导地位；作为一邑之长，就应让邑性在其人性组合形态中处于主导地位。只有群体性战胜了自我性（自体性），管理者才能胸怀人民，愿意为人民、为社会、为国家承担责任与义务。

从上述的分析与论述来看，所谓的“主立”就是“明明德”。“明明德”对国家的各级管理者来说至关重要，因为他们手里掌握着庞大的公共资源，而且经常要进行价值判断与价值选择。一旦价值判断与价值选择错误，就会给国家、社会、家庭与个人带来灾难性的后果。

2. 孔门心法：中庸的思维模式与心理结构

孔门心法是塑造理想人性组合形态的重要路径之一。孔门心法就是中庸的思维模式与心理结构。这种思维模式最大的特征就是承认客观实在及其构成要素存在的合理性与合法性，强调客观实在及其构成要素之间的互相依存、互相矛盾与互相制约，认为客观实在及其构成要素之间在总体与总趋势上的平衡是一种理想的形态。孔门中人应具备这种思维模式与心理结构，并据此对待客观事物，做人做事。中庸的思维模式与心理结构有着不同的表述，如“允执厥中”、“惟精惟一”、“执中”、“建极”。

以中庸的思维模式与心理结构对待世间的万事万物，这万事万物之中自然包括人性，也就是说，我们要以中庸的思维模式与心理结构对待人性的“诸欲”与“万理”。对此，湛甘泉说：

> “人心之动几也。几也者，理欲之分而善恶之原也。君子知其几而谨焉，故能领恶而全好也，是故长敖者贼也，从欲者荒也，志满者骄也，乐极者淫也。若是者欲之炽而恶几之成也，故在远之而已矣。狎而敬，敬所忽也；畏而爱，爱所严也。爱憎好恶不失其正也，施仁徙义必得其道也，若是者，理之充而善几之成也。故在为之而已矣。毋苟得，所以取义也；毋苟免，所以求仁也；毋求胜，所以养让也；毋求多，所以养廉也。若是者去人欲而存天理，领恶而全好者，故在谨之而已矣。然所以远之，为之谨之者，敬也。敬也者，人心之所以不死，天理之所以长存也。”

依据中庸的思想，欲、情、理（天理）都是人与生俱来的自然存在。湛甘泉并不反对欲，而是反对“纵欲”；并不反对乐，而是反对“乐极”；并不反对志，而是反对“志满”；并不反对敖，而是反对“长敖”；并不反对得，而是反对“苟得”；并不反对求，而是反对“求多”。对于敬、爱、憎、好、恶亦是如此。也就是说，湛甘泉反对“过”，反对极端，也反对“不及”。湛甘泉主张人性平衡，这种平衡是相对的、总体的与总趋势的，即所谓的中庸。在这种理想的状态下，理欲各处，抑扬有度。湛甘泉所说的“去人欲而存天理”中的“去”，并不是去除、去掉，因为人欲不可去，无法去，只能让人欲不过度扩张，以免其压抑、遮蔽天理。

（二）理想人性组合形态塑造的外在环境

外在环境具有多元性，良好的外在环境有助于塑造“理想的”人性组合形态。建设一个良好的外在环境，需从领导者（管理者）的德行、制度规范、学校教育、财富分配等多个方面着手。

1. 领导者（管理者）的德行

领导者（管理者）的德行具有示范作用。领导者（管理者）的德行良好，其所管理的社会或组织的个体就更容易展现人性中的责任心、义务感、同情心、归属感与群体性。否则，则相反。湛甘泉说：

> “古之圣王，其德优优，故其政孔修。政修日隆，其民化中，化中之成，其心和平。其心和者，故其乐声和；其心平者，故其乐辞平。心和而辞平，是谓至治之精。”

湛甘泉在上文中用了一个“化”字，领导者（管理者）良好的德行可以感化、影响组织或社会的个体，使其人性、人心在总体上保持平衡，形成理想的人性的组合形态，产生理想的行为模式，进而达到理想的治理状态，和、平就是这种理想的人性组合形态、行为模式与治理状态。

2. 制度规范

礼、乐是古代最核心、最重要的制度规范，它们着眼于事前引导、感化与防范，使人心向善，使人性中的“善端”得以存养与扩充，从而形成理想的人性组合形态，产生理想的行为模式。湛甘泉说：“礼者以定民，乐者以动民。”湛甘泉又说：“礼也者履也。乐也者乐也。礼以履之，使民无邪行；乐以乐之，使民无邪心。无邪行则风俗可得而正也，无邪心故祥瑞可得而格也。后世礼既坏，则民无所履，故手足莫措；乐既崩，则民无所乐，故怨咨日生。”

但是，只有礼、乐还远远不够，还需要有刑罚。有人问，取消肉刑行不行。湛甘泉说：“可则尧舜之仁为之矣。夫愚民，杀之而不见其形，则不知戒，戒而使远之，仁之术也。”

“肉刑”是刑罚的总称，它给人带来伤害、痛苦与恐惧。刑罚虽然着眼于事后的惩罚，但通过惩罚，对已经犯罪的人和想犯罪的人都能起到警诫和威慑的作用。因为，趋利避害，远离伤害、痛苦与恐惧，是人性中的重要因素。

3. 学校教育

学校一个十分重要的功能就是传播主流的价值观与价值导向，使个体由自然人变成一个适合社会需要、能为社会做贡献的社会人。湛甘泉说："学校其王政之大乎！学立则人无私学，无私学则一，一则明，明则人才出而风俗正矣。"

有人问，"行王政"不要学校教育可不可行。湛甘泉说："田以基之，教以成之，君臣、父子、夫妇、兄弟、朋友（相接以）礼而化于道，上下联属而不可解，和气致而天地位，此之谓盛德。"

可见，学校不仅传播主流的价值观与价值导向，还传授具有主导性的社会规范，帮助学生塑造理想的人性组合形态。

4. 财富分配

在传统的农业社会，田地是社会最基本、最核心的财富，人们的衣、食、住、行、婚、丧、嫁、娶、人情往来，都取之于田地，因此，分配财富就是分配田地。根据马斯洛关于人的需要层次理论，吃、穿、住、行等是人最基本的生理需要，只有满足人们这一层次的需要，人们的心理与行为才会向更高层次发展。中国古代的思想家对此早有十分深刻的认识，湛甘泉对此也说得十分清楚："有田则食足，食足则善心生，善心生则伦理明。"

根据湛甘泉的观点，人们衣食丰足，人性中的"善端"才会在人性组合形态中取得主导地位，善心、善行才会出现。要普遍地满足人们的吃、穿、住、行，就必须对社会财富进行公平合理的分配。

有人问，想推行"王政"而又不分田地（财富）行不行。湛甘泉给予了否定，他说：

"田不分则民不均，民不均则富者侈，贫者困，贫者困则衣食不足，衣食不足则礼义不兴。虽有孝子慈孙，不能相保，不能相保则兵生，兵生而食不足，此灭亡之道也。故分田则衣食足而教可兴，兵藏于农而国可守，公入无军国之费，是以其君安富尊荣，而垂拱无为也。故一事而有三利者，分田之谓矣。”

根据皮古福利经济学的理论，财富具有边际效用，即随着一个人财富的增多，财富给他带来的福利（包括快乐与满足）会逐步递减。一块钱给穷人带来的福利（包括快乐与满足）远远大于给富人带来的福利（包括快乐与满足）。因此，在社会财富总量不变的情况下，公平合理地分配社会财富就会增加整个国民的福利。根据湛甘泉的观点，如果不对财富进行公平合理的分配，会造成两个不良的后果：第一，富人会因财富过多而变得骄侈，形成不良的人性组合形态与行为模式；第二，穷人会因为贫困而不知廉耻，形成不良的人性组合形态与行为模式，更有甚者，会铤而走险。绝大多数起义、战争都是因为社会财富没有得到公平合理分配而导致的。公平合理地分配社会财富，可以避免这种恶性循环，从而使国家长治久安。

三、以民为本，敬民畏民

湛甘泉治国理政的第三个核心理念是“以民为本，敬民畏民”。中国的民本思想源远流长，内涵丰富。湛甘泉充分继承了前人的民本思想并有所发展，形成了自己独具特色的民本思想，其中，最具特色的便是其“敬民畏民”的思想。

（一）“敬民畏民”的理论依据

关于为什么要“敬民畏民”，湛甘泉提出了四点理论依据。

1. 民心天心，民命天命

湛甘泉认为，广大百姓的心就是上天（上帝）的心，广大百姓的命令、愿望就是上天（上帝）的命令、愿望。“所以然者，盖由天人同气，上下一理，通达流行，更不分别。……天地之心，民心所存即天心之所在，故忽乎民即慢乎天也，民若可忽也，天顾可慢乎？有天下民社之寄者，可不知所以敬乎民而敬乎天哉？”“所谓天之明畏者，非别有他好恶也，即民之好恶便是天之明畏。”湛甘泉进一步论证道：“凡民有所欲，天必从之；如民好善，天则福其善；民恶淫，天则祸其淫。故民欲亡纣，则天意去商也必矣。是故明君不畏方张之强敌，而畏大可见之民心。民心即天地之心也。”湛甘泉警告统治者：“违民心者，民心亦违之。民心违之，即天命违之矣。”“得乎丘民而为天子，有天下者可不惧乎？”

2. 民为邦本，君民相须

湛甘泉认为，就人民与国家关系的层面来说，广大人民是国家的根本，根本稳固了，国家才能安宁，政权才有保障。人民就如草木之根，无根就无所谓的干、枝、叶。他说：“民者国之本，本固而后国安，……故曰‘民惟邦本’。譬如草木必先有根，而后有干，而后有枝叶。”人民不仅是国家的根本，也是国家的守卫者，他说：“君非民，则谁与守邦，是民尤可畏也，其可以不敬乎？人君当谨其所居之地，敬修其所可愿欲者，苟有一毫之不善生于心，害于政，则民不得其所者多矣。四海之民不得其所至于困穷，则君之天禄一绝而不复续，岂不深可畏哉？”

就人民与君主的关系层面来说，湛甘泉认为，人民与君主互相依赖，谁也离不开谁。对于广大人民来说，为了安宁有序的生活，就必须得有一个君主，尽管君主可以被推翻、被替换；对于君主来说，国家安定离不开广大人民，同时必须得到广大人民的支持，否则，就会被推翻、被替换。湛甘泉说：“君之与民，以势而言，则尊卑殊分；以情而言，则一体相须。故势踈则离，离则下；情亲则合，合则近。言其可亲而不可踈之也。”“民非君则强凌弱、众暴寡，不能相正以生。君非民，则孤立于上，谁与为君者？言民固不可无君，而君又不可无民，君民一体相须如此，为人君者可以不敬其民乎？”湛甘泉又说：“君者，食民之力；民者，赖君之治。君而非民，民而非君，皆不能独生，是上下相须以为命者也。然民徒知畏君之势，而君不知畏民之势，此所以以私灭公，民心不服而危亡至矣。”

3. 民为重，君为轻

孟子说：“民为贵，社稷次之，君为轻。”湛甘泉充分继承了这种思想，并有所发展，他说：“民为重，社稷次之，君为轻。”孟子说“民为贵”，湛甘泉说“民为重”。贵，是价值判断与价值导向的产物。重，则为一种事实性的陈述。湛甘泉将民视为国之根本，有如树的根，先有根而后有干、枝、叶。根重而树稳，根轻而树摇。从树的比喻来看，民为树根，社稷为树干，君是树叶。根、干、叶虽然互相依赖，但相比之下，根最重要，其次为干，再次为叶。叶可随季节而换。所以湛甘泉说："夫君之与民，义虽相须而民尤为重，不可不畏也。人君知其可畏则能保其可爱，否则，可爱者不足恃矣。"

湛甘泉对一般人错误的观点提出了批评，他说："恒人之情莫不以君为贵，民为轻也，殊不知社稷所以为民也，君之所以为君者，以有民也。故无民斯无君矣。"他提醒统治者说："夫人君居九重之上，故常有轻视下民之心，则凡纵欲以害民者，无不至矣。惟圣人之心能畏于民，岜而不敢忽，故有不可上不可加之心，则知所以畏矣。"湛甘泉认为，统治者关心、爱护人民，就可获得民心，人民就会拥护，否则，就会与人民为敌，就会失去天下。

4. 民为水，君为舟

将人民比喻为水，将统治者比喻为舟，是中国优秀传统思想的重要组成部分，湛甘泉充分继承了这种思想。湛甘泉说："夫君犹舟也，民犹水也，水能载舟，亦能溺舟，故水可畏也，民尤可畏也。"湛甘泉又说："民犹水也，水能载物，亦能溺物。故君之防民如防水也，防之于未溃也易，防之于既溃也难。"

（二）"敬民畏民"的实践路径

湛甘泉认为，正是人民可敬可畏，所以，统治者要治民以信、视民如伤、政询于民、事利于民。

1. 治民以信

关于治民以信，湛甘泉说："国之有民，民之有信，犹身之有元气也，不以信治民，是自贼其元气也。元气亡而存者寡矣。"意思是，人民对政府、对管理者（统治者）的信任，是国家的元气。如果统治者不以信治民，人民就会失去对国家、政府、统治者的信任，国家、社会的元气就会大伤，政权就会无法维持，国家、社会就会无法正常运转。

湛甘泉认为，信是我们每一个人内心先天本有的，统治者需要身体力行，以信来感应、激发、维持人民内心的信。他说："敬信礼义诚悫人之心不假外而有者也，其感其应不假物而然者也。故不言之信，无心之感，天下之至感至信也。君天下者，躬修其德见而民莫不敬，言而民莫不信，行而民莫不说。以纯王之心成纯王之治有不难矣。何也？以其先得民心之所同然者也。”如果统治者对人民不讲信义，再多的规章制度、再多的盟约与誓言，都是无用的，他引《礼记·檀弓》中的话对此做了证明：“有虞氏未施信于民而民信之，夏后氏未施敬于民而民敬之，何施而得斯于民也。……墟墓之间未施哀于民而民哀，社稷宗庙之中未施敬于民而民敬。殷人作誓而民始畔，周人作会而民始疑，苟无礼义忠信诚悫之心以莅之，虽固结之，民其不解乎？”

2. 视民如伤

所谓的视民如伤，就是君主（管理者）见到人民受到伤害，就如自己受到伤害；见到人民遭受苦难，就如自己遭受苦难。之所以如此，是因为君民一体，无分彼此。对此，湛甘泉有十分丰富与精辟的论述：“视民如伤，此文王之所以圣也，如伤者如伤己也。夫视民之伤如伤己焉，一体之仁也，仁之至也。医书以手足痿痹为不仁，语曰不仁便是死汉不知痛痒。痛痒相关，此文王视民如伤之心也。”

湛甘泉认为，虽然天命无常，但只要视民如伤，就可永保天命。因为，民命即是天命，天命即是民命。要做到视民如伤，就必须要有爱民之诚心，即对人民要尽心；要对人民尽心，必须要“先戒逸豫”。他说：“夫人主不爱其民，皆由视民与吾身有形骸之隔，故痛痒不相关。苟能视民之不安如疾痛之在乃身，则将无所不用其爱矣，此大君宗子之责，圣人一体之仁，诚不可以不敬也。……自安则不便于民，好逸豫则有妨于政，凡此皆不能尽心。……为人君者，先戒逸豫，然后能尽心；能尽心，然后能视民如伤；能视民如伤，然后能保难保之民，而天命归之矣，可不加之意乎？”“天生民以立君，非欲其立乎民之上以自逸也，盖欲分付天之赤子而为之主人，主不以此为职分，以何为职分？人主不于此存心，于何所存心？若人主之心念念在民，惟恐伤之，则百姓之心自然亲附如一体。”

3. 政询于民

在我国，政询于民的思想有着深远的历史传承。《周礼·秋官》载：“小司寇之职掌外朝之政，以致万民而询焉。一曰询国危；二曰询国迁；三曰询立君。其位，王南乡，三公及州长、百姓北面，群臣西面，群吏东面。小司寇摈以叙进而问焉，以众辅志而弊谋。”湛甘泉充分继承并发展了政询于民的思想，他说：“夫天下之人心同此虚灵，所谓聪明也。一己之聪明有限，而天下之聪明无穷。况夫国之危、国之迁、国之欲立其君？三者天下之大事，而可以弗询之众乎？故始则稽于众，而终则断诸独，众无不出之谋而己无不断之志，则大疑以定而事无不善矣。然此岂可易能哉？亦在于忘己而已，忘己则众自尽，众自尽则谋协，谋协则天下之聪明皆己之聪明，沛然而无疑也。”

在湛甘泉看来，凡是关系到国计民生的大事，都要政询于民，集广大人民的智慧，以图制度、政策的完善。要做到这一点，就必须让人民说话，尊重人民参政议政的权利；如果不让人民说话，不听取人民的心声，政策就会失误，就会遭到人民的背叛。湛甘泉说：“山川所以宣地气而出财用，犹口之宣人心而言善败。……夫人君考德必听于民，故百工陈谏，庶人传语，尝使之宣其情而勿壅也。厉王乃使卫巫以监谤，是壅民之口。民将叛之，亡无防矣。为人君居民之上者，慎勿壅其口以自溃也。”

4. 事利于民

事利于民就是要“以民之利为利”，不能以己之利为利。用今天的话来说，就是执政为民。湛甘泉在《格物通卷十七·畏民下》中引了《左传》中的一个故事：

> “文公十三年，邾文公卜，迁于绎。史曰：‘利于民而不利于君。’邾子曰：‘苟利于民，孤之利也。天生民而树之君，以利之也。民既利矣，孤必与焉。’左右曰：‘命可长也，君何弗为？’邾子曰：‘命在养民，死之短长时也；民苟利矣，迁也，吉莫如之。’遂迁于绎。”

对这个故事，湛甘泉做了深刻的阐释：“迁都大事也，在书稽诸人神，至再至三而后举。孟子亦以太王之去岐为不得已，盖民不可以轻动，邾文公之迁绎，虽未知其得已与否，观其稽诸人神者，始欲以民之利为利，终欲以民之命为命，其利其命无非为民，其仁也，夫彼徒犬羊其民者，乌足以语此？”

湛甘泉认为，要做到事利于民，统治者就必须节财用、去冗费、薄税敛、宽力役。他说：“人君欲固邦本，不可不节财用；欲节财用，不可不去冗费。是故台榭在所可无，而宫殿在所当建也。于其所可无者而兴作，与其所当建者而华饰，皆足以费财而害民也。”“国之所以为国者民而已矣，民之与国安危同焉。故治国之道在节用爱人，节用则税敛薄、力役宽，民安而国亦安矣。故宽一役则得一人之安，薄一敛则民享一分之食，力舒而财丰矣。”

四、倡导“一体”，国运方长

“一体”观是湛甘泉治国理政的第四个核心理念，其中包括天人一体、上下一体、心事一体（即学政一体与知行一体）、“二业”一体。

（一）天人一体

关于天人一体，湛甘泉说：“天人一体，欣戚相通者也。日月薄蚀，天之大变，如痛之切身。”“天与人其气一也，其心一也，其理一也。”湛甘泉又说：“天地之塞吾其体，天地之帅吾其性，人与天本一理也。”

正是因为天人一体，湛甘泉认为，人必须敬天，并依天（宇宙、自然、自然规律）行事。他说：“日阳精一，日而绕地一周；月阴精一，月而与日一防星者，二十八宿众星为经金木水火土五星为纬，皆是也。辰以日月所防分，周天之度为十二次也。人时谓耕获之，凡民事早晚之所关也，夫在天成象，在人为时，天象各有常度，四时各有常运，不得乖违。”

作为统治者（管理者），要敬天、顺天，按照自然规律行事，否则就会受到天的惩罚，他说：“人君，代天理民者也，非敬则不能顺天度以历象，不顺即不敬也，不敬顺乎天以历象，故阴阳不序而寒暑反易，安能定四时以敬授乎民使知耕获之候、人事之序乎？此尧放勋之治首汲汲于此，故圣人先天而天弗违，后天而奉天时，始终一敬尔，为人君者奉天理民可不敬乎？”

当遇到天灾时，统治者需要诚心反思，变灾为祥，否则，祸害必至。他说：“灾害之成否，系于人君之一心尔，有反身修德之诚，则变灾为祥，怠荒弗悛，则咎祸必至。”之所以如此，是因为“民心即天心也，天心即君心也，故感之而无不应焉”。

（二）上下一体

上下一体是指君臣一体、君民一体、官民一体。“一体”的内容包括：同痛痒、共苦乐；通穷达、均贫富；共安危、同存亡。

1. 同痛痒、共苦乐

关于君民痛痒一体，湛甘泉说：“君民相为一体者也，何者？天地万物与吾一体者也。”正因为君民一体，气血相关，所以痛痒亦为一体，即民之痛痒就是君的痛痒。君主知道君民痛痒一体，那就要对人民加以爱护，不能伤害，不能“重敛百姓，厚自奉养”。他将“重敛百姓，厚自奉养”的行为比喻为“馋人自啖其肉”，最终的结果只能是“肉尽而毙”。

既然君民痛痒一体，那么苦乐亦为一体。湛甘泉认为，君主要以人民的苦难为自己的苦难，以人民的快乐为自己的快乐。他严厉批评统治者“恣情纵欲”、“乐物之乐”、“乐以荡心”。

不仅君民痛痒一体、苦乐一体，君臣之间亦是痛痒一体、苦乐一体。他说：“古之君臣之喻多矣，有喻之以父子者，非不亲也，然而有父子不相顾者矣；有喻之以元首、股肱、腹心、手足者，非不一体也，然而有痛痒不相关者矣。”如果君臣痛痒、苦乐不能为一体，则君臣离心离德，国家治理混乱，人民遭殃。

2. 通穷达、均贫富

所谓的穷，就是诸事不顺，处于困境。所谓的达，就是诸事顺畅。诸事顺畅则荣，诸事受挫则辱。湛甘泉认为，君臣一体，诸事顺利则俱荣，诸事困顿则俱辱。他说：“夫国病则主忧，主忧则臣辱，相视一体者也。故人君者，赖臣之力以宏济于艰难。人臣者，济君之艰以急国家之难而安其民者也。”只有君臣一心、各守其道，方能诸事通达。他引班固《白虎通》的话说：“君使臣以礼，臣事君以忠，谦谦君子，利涉大川，以贵下贱，大得民也。”他又说：“君臣一心而治化行矣，君臣二心则祸乱至矣。”

贫与富就是针对财富而言的。湛甘泉认为，君民贫富一体，民富则君富，民贫则君贫；只有人民富起来了，君才能富起来，即所谓“百姓足，君孰与不足？百姓不足，君孰与足？”如果人民贫困，而君主占有许多财富，那么，君主的富有也不能持久，这是因为“夫君民同心一体而痛痒欣戚相通者也，故心一则体一，体一则其爱之以均，聚散之必同”。

3. 共安危、同存亡

关于君民安危一体、存亡一体，湛甘泉认为，君民一体，所以君民安危、存亡必为一体。民安则君安、国安，民危则君危、国危，反之亦然。他说：“宇宙一气也，君民一体也，故君为心，民为体，心与体一也。心庄以肃则容体舒且敬矣，不容间也。……心之全非自全也，体全故也；心之伤非自伤也，体伤故也。君之存亡以民心之存亡也，一体而已矣，知其体一，所以仁也，仁则民安而君安矣。”要想民安、国安，统治者（管理者）必须推行仁政，施爱于民。

关于君臣安危、存亡一体，湛甘泉将君比喻为喉，将臣比喻为舌；有时也将君臣比喻为元首、股肱、腹心、手足，以说明君臣安危、存亡一体。他说：“至于（君臣）喉舌之喻，则一体死生，以之可不惧乎。夫君犹心腹也，臣之侍从，言论犹喉舌也。侍从台谏之官，不言如喉舌不通其身心，将与喉舌俱死矣，此非特人君家国之忧，亦为人臣者终身之忧也。”

（三）心事一体

这里所谓的“心”，就是正心，就是学习，就是知，就是修身养性。这里所谓的“事”，就是行，就是政事与日常事务。湛甘泉认为，两者是一体的，他说：“政也者，事也。学也者，心也。”“是故莫学非事矣，莫政非心矣，莫政莫学非理矣。理达而体用浑、心事合，而政学一矣。”“圣人之学，体用一原，心事合一，岂容有内外之间？”

湛甘泉认为心与事不可分离，不可偏废，他说：“心与事不可离，则学与政不可二。……夫言治而不本于学，则终于杂霸而天下无善治；求道而不涉于事则沦于空寂，而天下无真儒。故学也者，道之本也；治也者道之用也。道一，则二者不可偏废也。故哀公问政而孔子告之以达德达道之学；子路问政而孔子告之以先之劳之而无倦。”

湛甘泉对心、事支离的现象进行了批评：“自后世儒者，皆坐支离之弊，分内外、本末、心事为两途，便是支而离之。故有是内非外，重心略事之病，犹多不悟，反以为立本。千百年来道学不明，坐此之故。”

在《大科书堂训》中，他对学生提出：“自今诸学子合下便要内外、本末、心事合一，乃是孔、孟正脉。何者？理无内外、本末、心事之间也。”“初学习字，便学运笔以调习此心；习文便要澄思以蕴藉此心。久之，文字与心混合，内外皆妙。”“吾儒学要有用，自综理家务，至于兵农、钱谷、水利、马政之类，无一不是性分内事，皆有至理，处处皆是格物工夫。以此涵养成就，他日用世，凿凿可行。”

针对张载“官先事”、“士先志”之论，湛甘泉解释道：“张载之言官先事，谓有官者先教之治民、事神之事也；士先志，谓未官者先正其志，使为他日治民、事神之本也。盖各就其所先务，言之可谓切矣。虽然，体用一原，心事无二，合内外之道也。学之道未有离事而为志者，仕之道未有舍志而为事者，故曰学而优则仕，仕而优则学，言学与仕兼资在力优为之尔，学者宜潜心而玩索焉。”

（四）“二业”一体

所谓的“二业”是指德业与举业。德业是指道德修养；举业是指参与科举考试，出仕为官。这与国家的治理密不可分，因为国家与社会不可以无官，为官不可以无德。因此，“二业”一体论便成了湛甘泉治国理政的核心理念的内容。

湛甘泉认为，德业与举业为一体，不可分而为二。他说：“夫德业、举业，业二而致一者也……世之学者以为不同，非也。”“为德业者，固读圣贤之书也，习举业者，亦圣贤之书也，夫何二？”湛甘泉指出：“古之学者本乎一，今之学者出乎二。二则离，离则支，支离之患兴，而道之所以不明不行也。”

“二业”一体观是湛甘泉与其老师陈白沙思想的重要区别。他说：“吾今教人不外科举，就有至理，恐人又倒在一边，只在科举上立命，是不悟我之至意。吾意正欲人读书作文不失本领，就根本上发出枝叶。此同行而异情，不可不知。”

对于有人说自己不教人举业的说法，湛甘泉进行了反驳：“非也。吾乃教举业之大者也。”“人为其枝叶，吾兼以本根，由本根以达于枝叶，一气也。人事其流，吾兼以浚其源，由源以达于流，一派也。人学其文辞，吾兼以涵养，自涵养以达其文辞，一贯也。”

至于如何做到“二业”一体，湛甘泉提出两点：立敬与克去胜心。

如何能立敬？湛甘泉说：“诸生于作文之时焉，即知于作文之间收敛焉，可也。于读书之时，即知于读书之间收敛焉，可也。收敛致一，不滞不放，是故能立敬矣。”

所谓的克去胜心，指的是战胜、克服私利与私欲之心。湛甘泉说：“进德修业，其致一矣，即业、即德而致力焉也。月考日试，以验其进修之实，所以令自励也。即用心之精粗，所以令自考也。”有人问要诀是什么，湛甘泉说：“在于克去胜心。胜心不忘，不可以入道，不可以入道，则亦不可以成盛德而广大业。”

战胜、克服私利与私欲之心的目的就是立心，即立理义之心。湛甘泉说：“夫事举业也者，其于立心之初，即分义、利焉矣。义、利也者，君子小人之分也，及其至也，相去也悬绝矣。可不痛省而甘为小人之归乎？”湛甘泉又说：“今夫读书以明吾心性焉，体吾实事焉，而举业在其中矣。如彼树木之有根而枝叶焉，而花实焉，自然而成，此义之谓也。若夫读书徒事记诵焉，而资辞章焉，以取科第、媒爵禄焉，是计功谋利之心，其大本失矣。此利之谓也。舜与跖之分，间不容发。诸生其猛省之哉！”

湛甘泉弟子黄纶对“二业”一体观给了极高的评价，认为这在人才培养、国家治理的过程中有着至关重要的作用。他说：“二业合一训者，吾师甘泉先生救世之第一义也，实拯溺济时之言也。曷谓溺？曷谓济？惧世之习举业者之溺志也，而济之于大道也。济之于大道，则举业在其中而二者一矣。故一则济，二则溺；一则二者皆成，二则二者皆败。……故其施教也，以举业为德业之发，以德业为举业之本，易其志而不易其业，合本末，兼体用，一以贯之，而无遗也。”

反观今天的教育，成人与成才两者严重分离，给国家、社会的治理埋下了隐患，湛甘泉的“二业”一体观对当今中国的教育具有重要的启示与借鉴意义。

第二章

定制立规，国之大政

治国基本理念确定之后，便要根据治国基本理念进行制度建设，即所谓的“定制立规”，以此来确定国家的大政方针。从湛甘泉的著作来看，治理国家的大政方针主要有三个方面：礼刑并用，礼本刑辅；上下有别，各尽其道；谨赏慎赐，有据有度。

一、礼刑并用，礼本刑辅

礼刑并用、礼本刑辅，是儒家治国理政的思想传统，湛甘泉充分继承了这一传统，并从理论与历史的角度论述了这一种思想的合理性，从而丰富了这一传统思想的内涵。在湛甘泉看来，礼刑并用、礼本刑辅是治理国家的基本制度，是国之大政，他说：“夫治天下，礼刑而已耳。”

（一）礼刑并用

根据湛甘泉的思想，礼刑并用有两个依据：理论与历史。

1. 礼刑并用的理论依据

第一，礼刑源于道。湛甘泉认为，礼与刑都源于道，是道的产物，具有同等的合理性与合法性。湛甘泉说：

“夫道一而已矣，在礼为礼，在刑为刑。夫在礼为礼，在刑为刑也者，犹之在水为水，在火为火。水阴根阳，火阳根阴，水火一气而已矣，故水火交为既济。”

湛甘泉这里说的“道”是指宇宙万事万物的终极本源与本体。“道”产生礼与刑的同时内在于礼与刑，成为礼与刑的本体，赋予了礼与刑同等的合理性与合法性。就如“道”产生水与火一样，“道”内在于水与火而成为水与火的本体，从而使水与火具有同等的合理性与合法性。水为阴而源于阳，火为阳而源于阴，所以“水火交为既济”，即水火各有所用，相辅相成。同样，礼与刑的关系亦是如此。这里需要特别说明的是，“道”生阴、阳，阴、阳生万事与万物，同时，“道”、阴、阳内在于万事与万物而成万事与万物的本体。因此，礼、刑、水、火之中有“道”，有阴，有阳。

第二，礼刑源于人伦之理。湛甘泉说：

“夫礼也者，理也。三礼不同，而同于明为人君臣者、为人父子者、为人兄弟者、为人夫妇者、为人朋友者之理也。刑也者，刑也。五刑不同，而同于戒为人臣者、为人子者、为人弟者、为人妇者、为人朋友者之刑也。是故礼也、刑也，皆依于人伦以立教尔也。子之不理于子，是故有不孝之刑焉；臣之不理于臣，是故有不忠之刑焉；弟之不理于弟，是故有不悌之刑焉；妇之不理于妇，是故有不顺之刑焉；朋之不理于朋，是故有不信之刑焉。”

万事万物源于“道”，毫无疑问，人伦之理也源于“道”。因此，人伦之理便为“天理”。此“天理”包括了礼与刑。根据湛甘泉上述论述来看，礼规范着君臣、父子、兄弟、夫妇、朋友之间的心理模式与行为模式，维持着社会有效正常运转；刑则是对人们不遵守礼的心理与行为的预防、惩罚与校正。可见，在社会治理的过程中，礼与刑各有所用，相辅相成。所以，湛甘泉说：“《易》曰：‘立天之道曰阴与阳，立地之道曰柔与刚，立人之道曰仁与义。人主之学在知道而已矣。知道，则仁义并行而天地阴阳刚柔备矣，故礼以劝之，刑以惩之，同于仁义也，同于道也，故春以生之，秋以杀之，而万物成矣。’”

2. **礼刑并用的历史依据**

湛甘泉不仅论述了礼刑并用的理论依据，同时也论述了礼刑并用的历史依据。

第一，五刑弼五教。湛甘泉说，早在远古帝舜时代国家治理制度规范起源之时，礼刑便开始并用。帝舜明确地对皋陶说：“汝作士，明于五刑，以弼五教。期予于治，期刑于无刑，民协于中，时乃功。”所谓的“五刑”，就是五种刑罚的制度与措施；所谓的“五教”就是五种礼教制度与措施。湛甘泉对这段话做了精辟的诠释，他说：

“是故刑礼者，异用而同体，异事而同心，异治而同功者也。夫体同心同而功化同，是之谓大同，故能与天地同其德，与日月同其明，与阴阳同其惨舒，与鬼神同其吉凶，是之谓大治。夫大同大治，古之极也。”

从上述这段话来看，湛甘泉充分肯定“五刑弼五教”历史事实与经验的合理性与合法性。这种合理性与合法性体现在三个方面：礼与刑尽管用途不同，但都以“道”、以“天理”为其本体；礼与刑尽管针对不同类型的事，但都源于人心与人性；礼与刑尽管属于不同的治理制度与方法，但所要达到的功效是一样的。正是由于礼与刑都以“道”、“天理”、人心、人性为其本体，所以，礼与刑可以参比天地、日月、阴阳、鬼神。只要礼刑并用，便可达到天下大治，有如舜帝、皋陶之世。

第二，“三物”教万民，“八刑”纠万民。湛甘泉在论述礼刑并用的历史依据时引用了《周礼·地官》中的一段话：

“以乡三物教万民而宾兴之，一曰六德，知、仁、圣、义、忠、和；二曰六行，孝、友、睦、姻、任、恤；三曰六艺，礼、乐、射、御、书、数。以乡八刑纠万民，一曰不孝之刑；二曰不睦之刑；三曰不姻之刑；四曰不悌之刑；五曰不任之刑；六曰不恤之刑；七曰造言之刑；八曰乱民之刑。”

"六德"是指理想的心理结构与人性组合形态，"六行"是指理想的行为模式，"六艺"是指人们应该学习的文化知识。这三者构成一个完整的礼教体系。"八刑"则是对八种不良行为的防范、纠正、惩罚与警示。礼与刑各有作用，共同维持着社会的稳定，推动着中国传统社会的发展。对此，湛甘泉做了很好的诠释，他说："以乡三物而教乎民，是故六德蕴之于心也，六行见之于行也，六艺游之于艺也。以三者而教之，夫然后教之事备矣。教之而不化又辅之以八刑，是故劝之有道而惩之有具。宜乎！民日迁善而不自知也，有国家者盍亦留意于斯哉？"

（二）礼本刑辅助

湛甘泉主张礼刑并用，并从理论与历史的角度进行了论证。但是，湛甘泉认为，礼为本，刑为末；礼为主，刑为辅助。上文中"五刑弼五教"与"教之而不化又辅之以八刑"中的"弼"、"辅"，便说明了礼的本、主导地位，法的末、辅助地位。下文对此做更详细的分析。

1. 为国以礼让为本

湛甘泉在《格物通卷四十七·立教兴化中》中讲了一个小故事：

"汉桓帝延熹四年夏四月，以太常刘矩为太尉。初矩为雍丘令，以礼让化民，有讼者常引之于前，提耳训告以为忿恚可忍，县官不可入，使归更思，讼者感之，辄各罢去。"

湛甘泉对此评论道："为国以礼让为本。孔子曰'必也使无讼乎'。刘矩令雍丘以礼让化民而讼者罢去，得其本之明效也，然则人君之为治岂可不端其本哉？"可见，湛甘泉对刘矩治理雍丘的举措给予了高度的评价，认为治国理政就应该以礼让为本。刘矩以礼治雍丘并取得很好的效果，算是得治国理政之根本，最高统治者对此更应有清醒的认识。

至于"为国以礼让为本"的深层原因与起效机制，湛甘泉也做了分析与论述，他说：

“邪正不两立者也，故善心生则恶念消，敬让兴则争讼息。故教人者在使之体认天理而已，治民者在感发其天理之念而已。天理日长，则人欲日消，而恶与忿争日化矣。苟舍其本而欲治其末，徒事刑法以制之，吾恐欲民无恶而犯者日多，欲民息争而争者日炽，其端不可得而穷也。”

正与邪、善与恶、敬让与争讼等，同时存在于人性之中，它们是两两相对、互相矛盾、互相制约与平衡的力量。其中，正、善、敬让等是天理，而邪、恶、争讼等是人欲。在自然的状态下，天理与人欲运行的机制是此消彼长，轮流上场。但是，如果进行人为的干预，用礼对人们进行长期的、系统的、深入的教化，“感发其天理之念”，则“天理日长”，“人欲日消，而恶与忿争日化”。如果只用刑罚来制约人性中的邪、恶、争讼等，那么就会出现“争者日炽”。为什么呢？这是因为这么做忽视了战胜人性中邪、恶、争讼等的根本性的主导力量，即存在于人性之中的天理，如正、善、敬让等。而礼治，就是充分启发、调动存在于人性之中的天理，从人性内部对邪、恶、争讼等发动进攻。

2. 化人在德不在刑

湛甘泉在《格物通卷四十七·立教兴化中》还讲了一个小故事：

“延熹八年秋七月，议郎王畅尝为南阳太守，奋厉威猛。张敞谏曰：‘悬悬用刑，不如行恩；孳孳求奸，未若礼贤。化人在德，不在用刑。畅深纳其言，更崇宽政，教化大行。’”

湛甘泉对此评论道：“化人在德不在刑。德者，顺也；刑者，逆也。信乎张敞之言矣！王畅然其言，改威猛而崇宽厚，卒之教化大行，贵戚豪族敛手革心，而前所谓发屋、伐树、堙井、夷灶之严猛，将焉用哉？！”

“德者，顺也；刑者，逆也。”这表明了礼治与刑罚之间的根本性区别。礼治着力启发、调动存在于人性之中的同情、怜悯、关怀、爱、孝、悌、慈、义、礼、俭、诚、正等，让这些在人性中取得主导地位，或与人性中的占有欲、好斗心、报复心、冷漠心、推卸责任的欲望、惰性等处于互相制约与互相平衡的状态，所以，湛甘泉称之为“顺”。刑罚则相反，它是人性外部的力量，好像一剂猛药，在企图压制人性中的占有欲、好斗心、报复心、冷漠心、推卸责任的欲望、惰性等的同时，也摧毁了人性中同情、怜悯、关怀、爱、孝、悌、慈、义、礼、俭、诚、正等，所以，湛甘泉称之为“逆”。这种“顺”与“逆”的差别，导致了礼与刑在治国理政过程中地位的差异。这一点值得深思，因为，当今社会有些法律与制度不够完善，会摧毁人性中的同情、怜悯、关怀、爱、孝、悌、慈、义、礼、俭、诚、正。

3. 乡饮之礼劝天下

在传统的农业社会，乡饮之礼在社会治理过程中有着十分重要的地位。明朝建立后，明太祖《御制大诰》，其中明确规定：

“乡饮酒礼不过申明古先哲王教令而已，所以乡饮酒礼序长幼，论贤良，别奸顽，异罪人。其坐席间，年高有德者居于上，年高纯笃者并之，以次序齿而列其席间。有曾违条犯法之人列于外坐，同类者成席，不许干于良善之席。主者若不分别，致使贵贱混淆，察知或坐中人发觉，主者坐以违制。奸顽不由其主，紊乱正席，全家移出化外。”

湛甘泉对此给予了高度评价：“乡饮之礼，所以老老也，所以善善而恶恶也。老老之化行，民知有长幼矣。善恶之分严，民知从事于善矣。是故刑赏不必加于天下而天下知劝惩者，其惟乡饮酒之礼乎。”从乡饮之礼的规定与湛甘泉的评价来看，乡饮之礼的突出特点是：劝中有罚，罚中有劝；以劝为主，以罚为辅。这种礼治措施在传统的熟人社会中起着十分重要的作用，具有无法替代的地位。

二、上下有别，各尽其道

这里的“上”指的是君主，“下”指的是臣子。在现代社会里，“上”可以泛指一个组织的最高领导者，“下”则可以泛指一个组织中除最高领导者之外的所有管理者。“上下有别”指的是君主与臣子心理模式与行为规范有区别，即他们有着各自的规范。这种规范，即道，是源自天理、人性与职位内涵所产生的制度。“各尽其道”实质上就是君主与臣子都必须遵守天理及各自职位所带来的心理规范与行为规范。

（一）君有君道，臣有臣道

1. 君道：仁、宽、肃、宣、惠、俭

君道的内涵是什么？湛甘泉引《国语·周语》：“宽肃宣惠，君也。”即宽、肃、宣、惠就是君道。宽与惠是仁的重要组成部分，可以与仁同义；肃，即是严、威严；宣，即教化。

宽、肃、宣、惠有着各自的作用：

> “宽所以保本也，肃所以济时也，宣所以施教也，惠所以和民也。本有保则必固，时动而济则无败功，教施而宣则遍，惠以和民则阜。若本固而功成、施遍而民阜，乃可以长保民矣，其何事不彻？”

从对上述这段话的分析来看，宽、肃、宣、惠是一个有机的整体，是一个为君的规范体系，这个规范体系中包括了内涵、目的与功效。内涵就是宽、肃、宣、惠，它们是君主的心理规范，也是行为规范。目的分别是保本、济时、施教、和民。功效分别是本固、无败功、施遍、民阜。达到了这四功效，就可以使人民长安，国运长保。

除了宽、肃、宣、惠是为君之道，湛甘泉认为俭也是为君之道。湛甘泉认为，君主应当“谨其俭约之德，不可以欲败度、纵败礼”。因为纵欲便是奢侈，人性便会失去平衡。作为最高统治者，集权力与资源于一身，其一举一动对国家的命运与人民的生活都会产生重大的影响。如果君主“奢侈之心一萌”，其后果便不可设想。因此，俭不仅仅是君主的行为规范，也是君主的心理规范。

湛甘泉还特别强调仁对君主心理与行为的规范作用，他说：

> “臣固不可以不敬，君亦不可以不仁。仁则明，明则有以辨邪佞、察忠直，而不失其所以为敬。苟不仁，则不明。不明则将以奔走承顺为恭，而以责难陈善为非敬，邪佞日亲，忠直远矣，甚非社稷生民之福

也，故不敬则当责之臣，不仁尤当责诸君。”

上述这段话说明了两个问题：第一，敬是臣的心理与行为规范，仁是君的心理与行为规范；第二，如果君主不受仁的规范与约束，就会产生一系列严重的后果。根据湛甘泉的观点，君主仁，就会圣明，圣明就能辨邪佞、察忠直；否则，就会“以奔走承顺为恭，而以责难陈善为非敬”，进而造成“邪佞日亲，忠直远”的政治气氛与政治格局，最终会使国家与人民遭殃。

2. **臣道：敬、恪、恭、俭、忠**

湛甘泉在《格物通卷四十四·事君使臣中》引《国语·周语》：“敬恪恭俭，臣也。”即敬、恪、恭、俭是臣的心理与行为规范。敬、恪、恭、俭有着各自的作用：

“敬所以承命也，恪所以守业也，恭所以给事也，俭所以足用也。以敬承命则不违，以恪守业则不懈，以恭给事则宽于死，以俭足用则远于忧。”

上述这段话的意思是：以敬畏之心奉行君主的命令，就不会违背君命；以恪慎之心守住自己的学业与事业，就不会松懈；以恭敬之心办事，就会免于死亡；以节俭之心进行日常花费，便会富足而远离忧患。对君臣关系与国家长治来说，敬、恪、恭、俭都起着十分重要的作用：

“若承命不违、守业不懈、宽于死而远于忧，则可以上下无隙矣，其何任不堪？上任事而彻，下能堪其任，所以为令闻长世也。”

除了敬、恪、恭、俭是臣的心理与行为规范外，忠也是臣的心理与行为规范。湛甘泉说：“臣之事君，致身以济难，忠而已矣。”臣为君办事，舍身解决君主所遇到的困难，是因为有一颗忠心。这颗忠心，使臣在心理上感到“夫主忧臣辱”，形成强大的内在动力，从而在行为上做到“主辱臣死，竭力以脱君于险”、“主尔忘身，公尔忘私，其志尽忠”、“鞠躬尽瘁，死而后已”。

湛甘泉认为，敬是作为臣子最根本、最核心的心理与行为规范，他说：

“盖人臣事君之不忠者，岂有他哉？皆由此心之不敬。不敬则懈心生，懈心一生则此心之天理不存。凡所以欺君罔上、鳏官窃禄、鄙夫之事，何所不为哉？故敬也者，人臣所以事君之本也，诚使此心常存天理，乾乾而不懈，则有以见夫国家之事，凡其势之所可为、力之所能为者，皆臣子之分，所当为鞠躬尽力死而后已，为之无不尽矣，宁肯鳏厥职哉？”

湛甘泉论述了两个问题：第一，敬是“人臣所以事君之本”，忠、恪、恭是敬派生出来的；臣不敬就会不忠，不敬不忠就会心生懈怠，对君主交代的事就不会恪尽职守，对君主本人也不会有恭敬心理与行为。第二，敬是天理，如果臣子常存此天理，办起事来就会“鞠躬尽力死而后已”。

（二）欲为君，尽君道；欲为臣，尽臣道

为君有为君的心理与行为规范，为臣有为臣的心理与行为规范。那么，做了君主或想做君主，就必须遵守做君的规范；做了臣或想做臣就必须遵守做臣的规范。《国语·周语》载刘康公说：“臣闻之，为臣必臣，为君必君。”孟子说：“欲为君，尽君道；欲为臣，尽臣道。二者皆法尧舜而已矣。不以舜之所以事尧事君，不敬其君者也；不以尧之所以治民治民，贼其民者也。”

湛甘泉充分继承并发挥了孟子的思想，他说：

“孟子此言尧舜为君臣、尽人伦之至，所以晓告当时君臣取法之也。夫尧以道治民，君道之至也；舜以道事君，臣道之至也。道者，天理是也。为君而未至于尧，是君道犹有未尽也，故犹为贼害其民；为臣而未至于舜，是臣道犹有未尽也，故犹有不敬其君。慢君、贼民，则无道极矣，可不惧哉？夫后世之为君者，与尧之为君同此心也，同此理也；后世之为臣者，与舜之为臣亦同此心也，同此理也。何后世之为君臣者其去尧舜之君臣若是相远哉？尽心与不尽心尔。”

湛甘泉上述这段话包含三个方面的内容：第一，为君之道与为臣之道都是天理，是君臣必遵守的心理与行为规范，不遵守就是无道；第二，后世之君臣与尧舜差别的原因就是在于尽心与不尽心；第三，只要效法尧舜，天下就会大治。

根据湛甘泉的相关论述，“欲为君，尽君道；欲为臣，尽臣道”主要有两个方面的内容：君使臣以礼，臣事君以忠；君明臣良。

1. 君使臣以礼，臣事君以忠

《论语》中记载定公问孔子：“君使臣，臣事君，如之何？”孔子回答说：“君使臣以礼，臣事君以忠。”湛甘泉对这句话做了深度的阐释，他说：

> “礼是天理之见于实事者，忠是天理之发于实心者。定公之时，君弱臣强，上下无道，使臣事君之问亦有所感而发也。故孔子告之以此，盖君之所使于臣之事，必其天理之所当为，而非所不当为而为者，斯乃谓之礼，则臣必可奉行矣；臣之所事于君之道，必由于天理之正，而非罔所不正以为正者，斯乃谓之忠，则君必无过矣。然天理一而已矣，上以礼感，下以忠应，有不可诬者，君礼臣忠，则各尽其道，上下交而为泰矣，尧舜之克艰，亦不过如此。”

湛甘泉在上述这段话论述了两个问题：第一，礼与忠都源于天理。礼是可见的事实性的制度规范；忠则是心理活动规范，是臣与君之间的心灵契约。前者约束人们的实际行为，后者通过约束心理活动进而达到约束实际行为的目的。两者具有同等的重要性。第二，由于礼与忠都源自天理，或者说是天理的载体，那么其本身也就可被称为天理。君依天理“使臣”，给臣下达的任务就会合情合理，“则臣必可奉行”；臣下依天理“事君”，说话就会依天理，办事就走正道，君主也就不会犯错误，“斯乃谓之忠”。

湛甘泉认为，天理源于心，尽心便可尽天理。他说：“臣尽其臣之心，则事君以忠矣；君尽其君之心，则使臣以礼矣。”

2. 君明臣良

（1）“君臣交相责难”

所谓的“君臣交相责难”，用现代的话来说就是君臣之间互相进行建设性批评与自我批评。在湛甘泉看来，君臣之间互相进行建设性批评与自我批评是一种理想的制度规范，它能保持国家或组织最高管理层的活力，有助于民主决策和管理者自我反省。史载帝舜与皋陶之间有如下一段对话。

帝舜说："天命无常，治与乱、安与危相倚伏。如今虽然天下大治、礼备乐和，但只要敬畏之心片刻不存，那么怠惰之心就会泛起，所以要时时戒谨。否时，祸患自生。人臣为君之股肱，乐于工作、勤于办事，则君主的决策就会得到贯彻，百官也会取得成绩。"

皋陶闻舜之言，拜手稽首，大声地说："人君为臣之元首，当总率群臣，做好战略与策略决策，为国家把握好大政方针，同时，又要谨守法度，依法决策。因为作为国家的最高领导者，在频繁的日常决策过程中，很容易失守法度，并随意更变国家法律制度。所以君主要深以为戒，心存敬畏之心。对于群臣百官德行与绩效要进行有效的、合理的考核，如此就不会有诞慢欺蔽之失。决策、考核都是大事，当心存敬畏，慎之又慎。君明臣良，众事皆安。君主把握方向，负责决策；群臣负责执行。如果君行臣职，甚至亲自做哪些烦琐、细碎的事情，则群臣百官必定懈怠、不肯任事，从而导致万事废坏，希望君主深以为戒。"

帝舜闻言拜手，对皋陶之言深表赞同，说："你任职办事，不可不怀敬畏之心。"

湛甘泉认为，帝舜时期，天下大治，与君臣互相进行建设性批评有着极大的关系。他说："君臣之相责难者如此，此有虞之时，圣之所以益圣，而治之所以益隆也。"

（2）臣"无面从退有后言"

"无面从退有后言"是舜对大臣的劝诫，其意思是：作为大臣，你们应当诚心实意地辅佐我。我说话办事有违于道，你们应该当面指出，帮我改正；不能当面顺从，甚至阿谀奉承，事后背地里却说三道四，指责我的不是。湛甘泉认为，"面从者，非惟不能正君之失，且将长君之恶矣；退有后言者，则是心非腹，诽怨谤其君者，罪莫大焉"。

湛甘泉在《格物通卷四十五·事君使臣下》中引了唐太宗与魏徵之间的两个故事。

故事一：

贞观元年（627）十二月，有人告魏徵利用手中的权力与地位为其亲戚朋友谋利。唐太宗派御史大夫温彦博进行调查，结果发现没有这种情况。温彦博对唐太宗说：“魏徵办事说话毫不隐讳，直来直去，而且远避嫌疑，心虽无私，但也有不对之处。”于是唐太宗让温彦博劝诫魏徵：“自今以后，不要像过去那样说话毫不隐讳，直来直去。”他日，唐太宗召见魏徵，魏徵对唐太宗说：“我听说君臣同体，应该互相坦诚。如果君臣上下都有所隐讳，不说实话，国家就有灭亡的危险。因此，我不敢听从皇上您的劝诫。”唐太宗惊恐地说：“我已经后悔了。”

故事二：

贞观六年（632）闰月乙卯，唐太宗宴近臣于丹霄殿，长孙无忌说：“王珪、魏徵昔日是皇上的仇敌，想不到今日能够与我们一起宴欢。”唐太宗说：“魏徵、王珪办事尽心尽力，所以我很重用他们。但是，魏徵，你每次向我进谏，我不听从，我反过来劝你，要你顺应了我的心思，你就是不答应，不理我，为什么啊？”魏徵回答说：“我认为事情不对，所以向您进谏，陛下您不听我的劝谏，我反而应了您的要求，则事情就会施行，所以不敢答应。”唐太宗说：“暂且先答应下来，接着再进谏，又有什么关系呢？”魏徵说：“过去舜帝就告诫群臣：‘尔无面从退有后言。’我心里明知事情不对，有违天道，而口头答应陛下，这就是所谓的‘面从’，这难道是稷契事舜帝之意吗？”唐太宗大笑，说：“别人都说魏徵举止踈慢，我看他倒是更加觉得妩媚，恰恰就是因为这个。”

正是因为魏徵对“无面从退有后言”的心理与行为规范的坚守，也正是因为唐太宗充分理解魏徵坚守“无面从退有后言”的意义，整个唐太宗时期的政治生态才呈现出良好的局面。

（三）君臣相与在于信

在儒家看来，信是十分重要的心理与行为规范，君臣相处，成就事业，就要确立并遵守这一心理与行为规范。湛甘泉充分继承了儒家这一思想传统。

湛甘泉认为，“君臣相与之际，信与不信而已”，君臣之间没有信任，就会出现“君以术而御其臣，臣以术而应其君”的可怕政治生态，这种政治生态是一切祸乱的起源，是国家灭亡的原因。

君臣上下要互相信任，那么双方就要诚心诚意，体认天理，不能有一丝杂念。湛甘泉说：“上下之心一而已矣，理一而已矣，故纯一则不杂，不杂则诚。未有诚而不动者，一心之感应也。故言无不听，谏无不行，信在言前也。”

君臣上下遵循天理，诚心诚意，心无杂念，那么，君臣上下的心理与行为就会具有高度的透明性与可预期性。湛甘泉引《礼记·缁衣》：“为上可望而知也，为下可述而志也，则君不疑于其臣，而臣不惑于其君矣。”所谓的“可望而知”，就是表里如一，行与心一，有“正大光明之气象”。所谓的“可述而志”，就是一贯忠诚其职业，无私心私行，有“德政纯懿之情状”。如此，就会形成“上下之间不疑不惑”的良好的政治生态。

湛甘泉认为，三代之治与后世之乱的根本原因就在于君臣心理与行为的透明度与可预期性存在巨大的差别。他说：“三代君臣以道相与，以义相合，诚而已矣，上下交诚，然而德业不成者未之有也。后世君诱其臣以富贵，臣干其君以文艺，相率为伪而已矣，上下交伪，然而灾害不生者未之有也。”

三、谨赏慎赐，有据有度

湛甘泉引刘安世言：“人主所以鼓动天下、制驭臣民之柄，莫大于赏罚。”希望圣明之君对此时时体会，谨赏慎赐，做到有据有度。所谓的有据有度，一是君主的任何赏赐都要有制度上的依据，二是君主的任何赏赐都要坚持原则。违背赏赐制度与原则的行为就是违背天道，最终会给国家与人民带来灾祸。

（一）赏赐制度、程序与仪式

1. 赏赐制度

在湛甘泉的著作中所陈述的主要赏赐制度有六卿赏地之制、百官赏职之制、贡士之赐。

（1）六卿赏地之制

六卿赏地之制源于《周礼·夏官》。该制度规定：“司勋掌六卿赏地之法，以等其功，王功曰勋，国功曰功，民功曰庸，事功曰劳，治功曰力，战功曰多。”

所谓的王功，如周公辅成王业，其功最大，故谓之勋。所谓的国功，如伊尹保全国家，其功次之，故谓之功。所谓的民功者，如后稷法施于民，故谓之庸。所谓的事功，如大禹勤劳于事，故谓之劳。所谓的治功，如皋陶强力以制治，所以称为力。所谓的战功，如韩信多算以胜敌，所以称为多。对于这些大臣，都要依其功劳分封大小不同的封地。

从湛甘泉著作相关的内容来看，他是赞成分封制的。在《格物通卷九十三·慎赏赐下》，他讲了一个历史故事。

唐肃宗至德二年（757）春正月，唐肃宗对李泌说：“如今郭子仪、李光弼已为宰相，假如他们再收复两京，平定四海，朕手中则无官用来赏给他们，该怎么办？”李泌回答说：“如今之计，最好的办法就是裂土以赏功臣，虽大国不过二三百里，有如今天的一个小郡，不难以遏制，对于这些大臣来说，也有万世之利。”唐肃宗说：“好主意。”

湛甘泉对李泌的建议大加赞赏，他说：“此先王赏功之典也。夫赏功以土，惠而不为费，公而不私者也。李泌言以官赏功，非才则废事，权重则难制，诚确论也。如裂土以封功臣，则上之所赐，有定分而不逾制；下之所得，有实利而非虚名，夫下有实利而上有定分，则又何损于国用？何伤于民财哉？”

（2）百官赏职之制

百官赏职之制源于《周礼·夏官》，该制度规定：“司士以诏王治，以德诏爵，以功诏禄，以能诏事，以久奠食。”这段话的意思是，司士主管向王报告百官任职的情况及提出赏赐的建议。对品德好的官员给予爵位，对有功劳的官员加封俸禄，对有能力的官员给予升职，对任职久的官员确定薪资。前三项须向王报告，最后一项则不必向王报告。

（3）贡士之赐

贡士之赐源于《礼记》，是古代选拔人才的重要制度，该制度规定：

“荐贤受上赏，古者诸侯贡士，有功，天子嘉其进贤而懋赏之。”具体内容刘向在《说苑》中说得比较清楚：“诸侯三年一贡士，士一适谓之好德，再适谓之尊贤，三适谓之有功。有功者，天子一赐以舆服弓矢，再赐以鬯，三赐以虎贲百人。”

2. 赏赐的程序与仪式

从广义上来说，赏赐的程序、仪式是赏赐制度的重要组成部分，合适的程序与仪式能使赏赐具有权威性，能增加赏赐的效果。下面举两个案例以资说明。

（1）六卿赏地的程序与仪式

《周礼·夏官》记载，此类赏赐要“铭书于王之大常，祭于大烝，司勋诏之，大功，司勋藏其贰”。

针对上述这段话，湛甘泉解释道：“凡若此者，悉书其名于王之太常。……又祭于大烝以报其功，不但已也，又以配享之功告于神，藏于纪功之副以待考，若此则赏必以功而无功者不得以滥赏而国用节矣。”

（2）赐诸侯弓矢的程序与仪式

这一程序与仪式载于《诗·小雅》：“彤弓彤弓，弨兮受言，藏之我有，嘉宾中心，贶之钟鼓，既设一朝，飨之。”

对此，湛甘泉做了精辟的诠释，他说：“《诗》言王者有弓，其色彤然，其体弨然，受之弓人而藏之王府，以待乎有功，其藏之也重矣。迨夫我有嘉宾，敌王所忾而功在四夷者，则中心实欲以此弓而与之，夫与之出于中心，其与之也诚矣，然与不徒与也，必钟鼓既设一朝，举以与之，而迟留顾惜之心，不少怀焉，又何与之之决哉？是则始而藏弓以待有功之人，则不敢轻，及其推诚以赐有功之人，则不敢吝，盖藏之重，则必能不与其所不当与。与之决则必能与其所当与，藏之重而与之决，王者赏功之大权当如是矣。”

（二）赏赐的原则

1. 赏以其功德

《礼记·王制》载：“有功德于民者加地进律。”意思是君主要对那些有功有德的人在物质与精神上进行赏赐。湛甘泉对此解释道：

> “不赏，不劝；不罚，不耻。人无所用劝耻焉，天下所由以不振也，故曰：有功不赏，有罪不诛，虽尧舜不能以化天下也。夫赏赐必以其功德，则赏赐之行非褒其人也，褒其功德也，故赏以其功德，罚以其罪恶，已不得而私焉。后世此义不明，人君不以功德而取人，惟以私喜而授赏，则夫蒙其赏者亦轻之矣。呜呼！古之赏赐也重，后之赏赐也轻，故赏愈重，人视之愈轻，而国家之财愈困，则亦何益之有哉？此今日不可以不慎者也。”

湛甘泉在上述这段话论述了三个问题：第一，赏罚的目的是为让人们知道羞耻之心、提振人们的积极向上的精神，也就是所谓的“化天下”，即化天下之人心与人性，更进一步说，就是塑造人们理想的人性组合形态、心理结构与行为模式。第二，为了达到“化天下”的目的，必须坚持“赏以其功德，罚以其罪恶”原则。这原则中还包含了另一个原则，即对事不对人原则。第三，指出赏赐不当的严重后果。赏赐不当，赏赐得越重，人们就会越轻视，同时也会白白浪费国家的有形财富与无形财富。

在“赏以其功德”原则中，包括了以下两个方面。

（1）赏惟其善，不惟其人

《国语·鲁语》记载：“善有章，虽贱赏也。”意思是说，凡人有好的德行而且很突出的，虽然出身、地位低贱，也要给予物质与精神上的赏赐。这就是所谓的“赏惟其善，不惟其人”原则。湛甘泉认为，这样做是为了给天下人树立学习的榜样，让人们产生良性的心理结构与行为模式。湛甘泉在其著作中讲了两个小故事。

故事一：

> “韩太初妻刘氏，事姑宁氏甚谨，事闻太祖皇帝，遣中使赐刘氏衣一袭钞二十锭，官为送。其姑丧归葬，旌表其门，复其家徭役。”

湛甘泉对此评论说：“周有大赉，善人是富，武王之所以兴也。夫孝，善之首也。太祖闻刘氏事姑甚孝，赐衣及钞，非所谓善人是富乎？此所以保有天下而垂裕于无疆也。今天下未必无善者也，伏唯圣明以祖宗为法，而惟善是富焉，则赏赐不滥而享安富尊荣之福矣。”

故事二：

“洪武十年二月，学士宋濂辞归，濒行，太祖赐纸币文绮及御制文集；皇太子赠以衣三袭。太祖谕之曰：‘朕最慎于赏、予、嘉，卿忠诚可贯金石，故以是赠，卿今年几何？’濂曰：‘六十有八。’太祖曰：‘藏此绮俟三十二年后作百岁衣也。’濂叩首谢太祖。复嘱曰：‘大江涨，不可舟。卿宜循内河达家，庶几无虞。’仍俾孙慎护行。”

湛甘泉对此评论道：“学士宋濂乃开国之文臣，所谓忠诚者也，我太祖知之明而信之深矣，赐以文绮之物旌其忠也，表其诚也，是故足以为天下之忠诚者劝矣，是之谓惠而不伤也，其赉与之不苟也如是哉！”

（2）赏惟其功，不惟其人

湛甘泉在其著作中关于这方面的分析与论述有许多，下面我们摘取其中两个故事及湛甘泉的评述。

故事一：

“唐玄宗开元二十三年初，公主实封止三百户。中宗时太平公主至五千户，率以七丁为限。开元以来，皇妹止千户，皇女又半之，皆以三丁为限。驸马皆除三品员外官而不任以职事；公主邑入至少，至不能具车服，左右或言其太薄。上曰：‘百姓租赋非我所有，战士出死力，赏不过束帛，女子何功而享多户耶？且欲使之知俭啬尔。’”

湛甘泉对此评论道：“明皇裁损公主户封，一则曰女子何功而享多赐，明禄赏所以报有功也；一则曰欲使之知俭啬，明多财所以累俭德也。所谓爱之以德而兼有节用之道矣。”

故事二：

“肃宗至德元载九月，上皇赐张良娣七宝鞍。李泌言于上曰：‘今四海分崩，当以俭约示人。良娣不宜乘此，请撤其珠玉，付库吏以俟有战功者赏之。’良娣自閤中言曰：‘乡里之旧，何至于是？’上曰：‘先生为社稷计也。’遽命撤之。”

湛甘泉对此评论道：“玄宗宠厚贵戚，赏赐无筭，所以致乘舆之播迁也。肃宗宜鉴前愆而良娣七宝鞍之赐几复蹈其覆辙矣。赖李泌赏功之言一入，深知为社稷之计，遽撤其珠玉，然则克复旧物，再造唐室，其系此一念出入之几乎？”

2. 名器不可以假人

所谓的“名器不可以假人”，是指对国家、对君主至关重要的东西不能拿来用于赏赐。这些东西有些是无形的名，有些是有形的器。

故事一：

“《贾谊新书》：晋文公率师征贼，定周国之乱，复襄王之位。于是襄王赏以南阳之地。文公辞南阳，即死得以隧下。襄王弗听，曰：‘周国虽微，未之或代也。天子用隧，伯父用隧，是二天子也。’”

湛甘泉对此评论道：“古者天子用隧，诸侯用县，礼也。功懋，懋赏。诸侯有功，爵之以地，未闻以天子之葬赐诸侯也。襄王能慎赏赐而不以礼许人，此见周之礼乐犹在天子也。”

故事二：

“中宗景龙元年九月，萧至忠上疏以为，‘恩幸者，止可富之金帛，食以粱肉，不可以公器为私用。今列位已广，冗员倍之，干求未厌，日月增数，陛下降不赀之泽，近戚有无涯之请，卖官利己，鬻法徇私，台寺之内朱紫盈满，忽事则不存职务，恃势则公违宪章，徒忝官曹无益时政’。上虽嘉其意，竟不能用。”

湛甘泉对此评论道：“萧至忠谓不可以公器为私用，惜名器也，其言当矣。至谓可富之金帛、食之粱肉，则国费滥矣。奚可哉？盖名器之滥，坏礼伤化也；而国费之滥，伤财害民也。国家之患，滥名器为上，而侈国用次之。然而，致虚耗、成败乱，未有不由此二者。其失均耳，故明主爱一颦一笑，藏弊袴以待有功。”

故事三：

“晋惠帝永康元年九月，吏部尚书刘颂曰：‘昔汉之锡魏，魏之锡晋，皆一时之用，非可通行。周勃、霍光其功至大，皆不闻有九锡之命也。’”

湛甘泉对此评论道：“圣帝明王谨赐赉之礼，所以防僭妄而生厉阶也。锡命，赐予之大者也，况九锡之命？权臣肆奸之渐尔，曹瞒、司马懿，挟天子以令诸侯，得非九锡为之祟乎？汉、魏之祚所由终，晋亦可以监矣。刘颂言之所以抑奸臣无上之心，何其切哉！”

3. 明主爱一颦一笑

《格物通卷九十二·慎赏赐上》讲了一个故事：

“周显王十八年，韩昭侯有弊袴，命藏之。侍者曰：‘君亦不仁者矣，不赐左右而藏之。’昭侯曰：‘吾闻明主爱一颦一笑，今袴岂特颦笑哉？吾必待有功者。’”

湛甘泉认为，“明主爱一颦一笑”是赏赐的一个重要原则，凡赏，“必待有功，则无功者不得以滥赏。赏不滥，则国用舒矣。夫弊袴，微物也，昭侯以待有功，则凡大于弊袴，其肯轻以与人乎？由是言之，则昭侯之能节用以足其国可知矣。后之人君赏赐无度，宁不亦可愧乎”。

这一原则包括了以下两个方面的内容。

（1）不以物丰而滥赏

所谓的“不以物丰而滥赏”，是指不能因国家财富的暂时丰富而赏赐无度，这原则是基于“国无常富，国无常贫”这样一个历史规律的。因此，国家富足时，一定要有长远的考虑，想到国家有可能会遇到各种各样的灾难而变得十分贫穷。

> “唐玄宗天宝八年二月，引百官观左藏，赐物有差，帝以国用丰衍，故视金帛如粪壤，赏赐贵宠之家，无有限极。”

湛甘泉对唐玄宗这种心理与行为进行了严厉的批评，他说：“财者，天之物地之利、民之膏也，故不能以不用亦不可以轻用也。《传》曰‘可以与，可以无与，与伤惠’。有功者赏之，可以与者也；无功者不得以幸赐，可以无与者也。故与不与、用不用之间，有义存焉尔。锡予之典在人君，信不可以不慎也。滥予侈用则伤财以害民之膏、弃地之利、暴天之物，而乱亡至矣。明皇以国用丰衍取左藏之积赐百官，赏贵宠，无有限极，可谓轻视三才之用而不知慎重者矣，祸之所以不免而国之所以不竞，有由然哉。”

（2）上不滥与，下无滥受

这一原则是针对君主与群臣百官的，这不仅要约束君主的滥赏心理与行为，也要约束群臣百官的滥受心理与行为。

故事一：

> “汉章帝性宽仁，笃于亲亲，故叔父济南、中山二王每数入朝，特加恩宠，又赏赐群臣，过于制度，仓帑为虚。何敞奏记宋由曰：‘寻公家之用，皆百姓之力，明君赐赉宜有品制，忠臣受赏亦应有度。’”

湛甘泉指出：“予夺辞受，义焉，而已过焉，滥也。故上不滥与，下无滥受，上下相孚于义，然后国家可保也。上过予，下过受，上下相诱于利，则财困民离，将并其有而亡之矣，安能保其国家乎？章帝数加恩宠于二王而群臣赏赐无度，则伤财害民矣。何敞独能言于宋由，其亦忠臣爱国之心哉，是故明君之赏赐不可以不慎焉。”

故事二：

> “襄公二十六年，郑伯赏入陈之功。三月甲寅朔，享子展，赐之

先路，三命之服先八邑；赐子产次路，再命之服先六邑。子产辞邑，曰：‘自上以下，降杀以两礼也，臣之位在四，且子展之功也，臣不敢及赏，礼请辞邑。’公固予之，乃受三邑。公孙挥曰：‘子产其将知政矣，让不失礼。’”

湛甘泉对这个故事做了精辟的阐述：“子展为元帅，郑伯赐之、享之，皆以赏其入陈之功也。先路、次路，皆周王所赐车也。八邑，三十二井也。六邑，二十四井也。子产位次当受二邑，以公固予之，故受三邑，示不当受也。不失礼，谓不失其班次之礼也，夫入陈之功，首子展，次子产，其分固自有不同者。郑伯请于周而赏之似也，然子产位在四，则义宜赐二邑尔。公赐之六焉，过矣。及子产辞之义也，而卒受其三者，以君之命亦义也，故受之三，则下不至失礼，上不至违君。子产于义得矣，郑伯之赐予能免过举乎。”

4. 勿“爱小费而遗大计”

“明主爱一颦一笑”是赏赐的一条重要原则，同时，湛甘泉认为，勿“爱小费而遗大计”也是赏赐的一个重要原则。这两条原则适用于不同的情境与事件，互相补充，相辅相成。为了论述这一原则，湛甘泉讲了一个故事：

“（唐）宪宗元和七年十月，李绛上言：‘魏博五十余年不霑皇化，一旦举六州之地来归，刳河朔之腹心，倾叛乱之巢穴，不有重赏过其所望，则无以慰士卒之心。使四邻劝慕，请发内库钱百五十万缗以赐之。’左右宦官以为所与太多，后复有此，将何以给之？帝以语绛。绛曰：‘田兴不贪专地之利，不顾四邻之患，归命圣朝，陛下奈何爱小费而遗大计，不以收一道人心？钱用尽更来，机事一失不可复追，借使国家发十五万兵以取六州，期年而克之，其费岂止百五十万缗而已乎？’帝悦，曰：‘朕所以恶衣菲食，蓄聚货财，正为欲平定四方，不然徒贮之府库何为？’十一月，遣知制诰裴度至魏博宣慰，以钱百五十万缗赏军士，六州百姓给复一年，军士受赐，欢声如雷。成德、兖郓使者数辈见之，相顾失色，叹曰：‘倔强者果何益乎？’”

湛甘泉对此评论道：“‘远人不服，则修文德以来之。既来之则安之。’言来而安之以德也。孟子曰：‘分人以财者谓之惠。’故安之以德者，上也；分之以惠者，次也。德者所以结其心，惠者所以报其功，非相恬以利私之也。苏辙言，倡莫善乎！私私也者，厚赏以悦人心之谓，则是小人之术以利相笼络者之为也，岂古之帝王赏予大赉之公哉？唐宪宗从李绛之言，出百五十万缗以赐田兴六州来归之军士，百姓给复一年，可谓能用忠谋，不惑于群议者矣，已而归顺之功既赏，而四方之不顺者知劝，固其势也。”

（三）僭赏违天

所谓的僭赏，是指违背赏赐的制度、原则、程序与仪式的赏赐行为。所谓的天，即是天理、理或道。“僭赏违天”是湛甘泉在评论周简王赐鲁成公事件时明确提出来的。

《春秋》载：“成公八年秋七月，天子使召伯来赐公命。”

湛甘泉对此评论道：“书天子使召伯来赐公命者何也？讥失赏也。鲁成公未有大功显德而周简王特遣召伯以赐之命，非礼也。书天子者，君天下之称，夫赏罚予夺自天子出者也，故天子于诸侯终丧入见则有赐，岁时来朝则有赐，敌王所忾而献功焉则有赐。今鲁成公免丧嗣位而不入见，既更五服一朝之岁而不来朝，又未尝敌王所忾而无功之可献，周胡为而赐命于鲁乎？鲁胡为而受之于周乎夫？天命有德，五服、五章赐予者，天之命也，不当赐而赐之，是谓僭赏。僭赏，是违天矣，违天是失其所以为天子之道矣。”

在湛甘泉看来，正是因为“僭赏违天”，所以，违背赏赐的制度、原则、程序与仪式的赏赐行为就是一种不祥的行为，一切祸患也由此而起。湛甘泉在其著作中讲了许多具有警示意义的故事，并通过这些故事来论述自己的观点。

故事一：

“洪武二十五年二月辛巳，颍国公傅友德请怀远县等官地九顷六十余亩以为田圃。上曰：‘尔贵为上公，食禄数千石而犹请地，独不闻公仪休事邪？’友德惭而退。”

湛甘泉说：“荀子以赏不当功为不祥也。夫赏必以功，无功而赏则侥幸之门开，而祈请之风行，在国则空其府库之积，在民则夺其衣食之源，而乱亡之祸起矣。非所谓不祥乎？傅友德贵为上公，食禄数千石而希恩无厌，夺民利而不恤，不祥之大者矣。皇祖戒谕以沮之而示以公仪休拔园葵去织妇之事，则沮一人而千百人息，于财用可节矣，人君有志于天下之平治者可不慎乎？”根据湛甘泉的这段话，赏不当功之所以不祥，是因为赏不当功导致祈请之风行，祈请之风行导致国库空虚与夺民衣食，国库空虚与夺民衣食导致内忧外患，国家由此而灭亡。

故事二：

“（唐玄宗）天宝十载，帝命有司为安禄山起第于亲仁坊，敕令但穷壮丽不限财力，既成，具幄帟器皿充牣其中，虽禁中服御之物殆不及也。禄山生日，帝及贵妃赐衣服宝器酒馔甚厚，后三日召禄山入禁中，贵妃以锦绣为大襁褓裹禄山，使宫人以彩舆舁，帝观之，喜，赐贵妃洗儿金钱，复厚赐禄山，尽欢而罢。自是，禄山出入宫掖不禁，或与贵妃对食，或通宵不出，颇有丑声闻于外，帝亦不之疑也。”

湛甘泉对此评论道：“《书》云：‘臣无有作福，臣无有作威，臣无有玉食。’臣之有作福作威玉食，其害于而家，凶于而国，言权不可下移也。臣谓三者尤萌于玉食之僭，名器轻滥而不已，则威福之权下移又不已，则篡弑之祸起矣。此国家之所以凶乱乎。明皇之于禄山，侈其第宅，盛其幄帟，聚其宝器，上拟王公，殊无品制，岂但玉食而已，即由是威福之柄，人自趋而成之，不能已矣。至于乱宫掖、动鼙鼓、祸四方、逼京师、乘舆播、迁宗庙不守，几危社稷，成旷古所无之大变，而为天下笑，岂非明皇赐予之过，有以召之乎？呜呼，真可以为万世之大戒矣！”

第三章

礼义教化，治国根本

从逻辑上来讲，治国基本理念与大政方针确定之后，接下来就必须根据治国基本理念与大政方针来对人民进行教化。

湛甘泉认为，“为国以礼让为本”，“化人在德不在刑”。他说：“礼教者，可以定分，可以化强，可以拨乱，教化之大本也。向使推而行诸天下，兴道致治，可以回关雎麟趾之风。”根据湛甘泉的著作，其礼义教化思想可以分为三个部分：立教兴化，天下大定；因俗设教，移风易俗；上以心感，下以心应。前两部分着重以礼义规范对民众进行教化与改造，第三部分则侧重“官”以自己的心灵与行为感化下级与广大人民，使下级与广大人民形成理想的心理结构与行为模式。

一、立教兴化，天下大定

（一）立教化而国祚可永

湛甘泉认为，周代商而立，偃武修文，立教化，周得长治久安，所以他说“立教化而国祚可永”。但用于教化的纪纲应“发于仁义之自然”，不杂统治者任何私心私念，因而是道、天理的载体。道之所在，则天下归之。否则，“将治之而不服，教之而不从”。

1. 纪纲天作，非圣人作

根据湛甘泉的观点，从本质来看，用于教化的礼义规范是源于天道与人道的，即源于天理。进一步说，是源于人性，是人性的外在反映与体现，并非圣人凭空想象出来的。他说："圣人之教立于国、行于天下者也，故教立而父子君臣之名作矣，父子君臣之名作而纪纲立矣。夫作者，非圣人作之也，天作之也。故纪纲立而天下无无人伦之人者矣。纪，纲也者。纪纲乎，人道者也。"凡是根于人性、根于天道的制度规范就可以长久。

（1）孝、悌、忠，人心固有

孝、悌、忠是人性的构成要素，也是儒家礼义规范的内在依据；同时，礼义规范建立之后，又有助于发挥人性的孝、悌、忠。《孝经》有言：

> "君子之教以孝也，非家至而日见之也。教以孝，所以敬天下之为人父者也；教以悌，所以敬天下之为人兄者也；教以臣，所以敬天下之为人君者也。"

湛甘泉对上述这段话做了精辟的阐述，他说："孝、悌、忠，人心之固有者也。君子之教尽心焉尔矣。人各尽其心，然后不独尽其心以其得所同然者尔。君子以孝教乎国，而凡天下之为子者无弗敬其父焉；以悌教其国，而凡天下之为弟者无弗敬其兄焉；以忠教其国，而凡天下之为臣者无弗敬其君焉。是则天下之孝、悌、忠，皆君子教之也，非德之至乎？！"

湛甘泉这段话的意思可以分为两个方面：第一，孝、悌、忠是我们每一个人内心先天所具有的，圣人之教只是让人们尽心而已，即充分挖掘、发挥人心中这些潜质而已；第二，圣人将人心中普遍存在的孝、悌、忠作为教化的礼义规范，其目的就是要让孝、悌、忠在人们人性组合形态中取得主导地位，压制孝、悌、忠的对抗因素。只有如此，人们才会有理想的心理结构与行为模式。这实际上就是心的性化与性的心化，进而达到心性一体的过程。正是因为心性一体，所以，湛甘泉将人性中的孝、悌、忠等视为人心中所本有的。这就导致了在湛甘泉思想体系中心与性即分即合，即合即分。这是湛甘泉心性思想的重要特征，也是中国古代所有思想家心性思想的特征。

（2）亲与严，人之良心

亲即仁、爱、慈，严即肃、敬，它们同样是人性的构成要素，是我们先天所具有的良心，湛甘泉称之为天理。《孝经》有言：

“故亲生之膝下以养父母日严，圣人因严以教敬，因亲以教爱，圣人之教不肃而成其政，不严而治，其所因者本也。”

对此，湛甘泉解释道：“何以谓亲生之膝下也？亲爱之心，自孩提之时生也；何以谓养日严也，既长而养父母，则知识渐开，明乎父子尊卑之分，故日加敬于父母也。亲也、严也，是人之良心也，故圣人因之教以敬爱焉。是故教不肃而成政，不严而治也，然后知圣人之政教非强为之也，根之于天性者如是也。”

在湛甘泉看来，圣人之治并非强行推行自己的政教，而是根据人们的天性因势利导，他说：“为民父母在于严慈兼济而已，非严不敬，非慈不爱。爱而不敬则流，敬而不爱则离。父以尊之，则民知严；母以亲之，则民知恩。”

2. 道之所在，民心归化

刘向在《说苑》中说：“道之所在，天下归之；德之所在，天下贵之；仁之所在，天下爱之；义之所在，天下畏之。”所谓的“道”就是前文中所提到的孝、悌、忠、仁、爱、慈、肃、敬等。所谓的德、仁、义则是“道”一步步的落实，湛甘泉说：

“道、德、仁、义，一理而已，以其事理之常行则谓之道，以其得诸心则谓之德，以其全体好生则谓之仁，以事得其宜则谓之义。此理不出于吾心也，以是而立教焉，则以心感心，天下岂有不兴起者哉？”

从湛甘泉的这段论述来看，“道”是一种概念与宗旨，它具有普遍性与超越性；德则是“道”向人心落实而成为人性的组成部分；仁则是“道”在人性组合形态中取得主导性地位的表现，是一种理想的心理结构与行为模式；义则是“道”在制度与行为中的渗透与体现。所以湛甘泉说：“道、德、仁、义，一理而已。”统治者以“道”为治，民心就会归化。刘向所说的“归之”、“贵之”、“爱之”、“畏之”就是民心归化于“道”的过程。

湛甘泉举例说："尧使舜为司徒，美其五常之教，使父子有亲，君臣有义，夫妇有别，长幼有序，朋友有信，而天下化之，自相亲、相义、相别、相序、相信而无不从顺矣。"湛甘泉认为，夏、商、周之所以兴，是因为"道"之所在；夏、商、周之所以亡，是因为"道"之不存。

（二）孝者，立教之本

孝、悌、忠、仁、爱、慈、肃、敬等是礼义教化的人性依据，它们既是礼义教化的本源，也是礼义教化的本体。在这些基本要素之中，孝居其首。关于孝，曾子说：

> "夫孝，置之而塞乎天地，溥之而横乎四海，施诸后世而无朝夕，推而放诸东海而准，推而放诸西海而准，推而放诸南海而准，推而放诸北海而准。"

湛甘泉充分继承了曾子关于孝的思想，并有所发展，他说："孝者，立教之本也，人心同然之理，良知良能者也，故四海之准以其同然也，岂但四海哉？上下四方之宇，古今往来之宙，理一而已矣，故古之先王以孝理天下，亦因其同然之心尔。为人君者可不务乎？"湛甘泉将孝作为"立教之本"，可见孝在治国理政过程中的重要性。

1. 孝悌行，国教立

家庭是社会最基本的组织，是一个微型的社会。一个人生活在家庭之中，同时也生活在社会之中。但家庭是一个人生活的基础与核心，孝道的推行也必然从家庭开始。所以，《礼记·祭义》说：

> "立爱自亲始，教民睦也；立敬自长始，教民顺也。教以慈睦而民贵有亲，教以敬长而民贵用命。孝以事亲，顺以听命，错诸天下，无所不行。"

湛甘泉对此解释道："此言先王立教于国之要也。孝悌者，人之心也。

孝悌本乎心，行乎家，而国之教立矣。感乎民，而民化之，放诸四海而准，以其心之同也。使人而无是心也，又何感化之有？伏惟圣明躬行孝悌，以教于国，由是扩而充之，则天下感慕而化，有不期然者矣。”

根据湛甘泉的观点，孝是我们每一个人与生俱来的本性与本心，如果我们每一个人都能从自身做起，在家里信奉、推行孝道，而统治者也在国家、社会之中推行孝道，那么，天下就会大治。他说：“自天子至于庶人，孝事父母之道，立教之大本也，其道始于立身，中于事亲，终于事君，自家而国而天下，通于神明，光于四海，天之经，地之义，而民之行固有不可一日不讲者……此义不明，则乱臣贼子不可胜诛矣……爱敬始于事亲而德教加于百姓，则虽尧舜之圣，何以加此？”

2. 祭，教之本

“祭，教之本”来源于《礼记·祭统》，《礼记·祭统》载：

“夫祭之为物大矣，其兴物备矣，顺以备者也，其教之本与？是故君子之教也，外则教之以尊其君长，内则教之以孝于其亲，是故明君在上，则诸臣服从，崇事宗庙社稷，则子孙顺孝，尽其道，端其义，而教生焉。”

对此湛甘泉解释道：“祭祀之礼所以事天也，而教乎人所以事先也，而教乎后外祭天地使人知有尊尊之义也，然而诸臣服从矣；内祭宗庙使人知有亲亲之义也，然而子孙顺孝矣。孝敬尽于一人，德教兴于一国，然则尽道端义者，其惟君乎！人君之学，求之此心而已矣。孝敬存于心而教化立于家、行于国、达于天下，是之谓要道也。”

《礼记·祭统》与湛甘泉都将祭与孝联系在一起，都认为祭是孝的有机组成部分，是对先人孝的延续，因而也是人的天性。《格物通卷四十八·立教兴化下》载：

“唐棣问：‘祭，起于圣人制作以教人否？’伊川程颐曰：‘非也，祭先本天性，如豺有祭、獭有祭、鹰有祭，皆是天性。岂有人而不如鸟乎？圣人因而裁成礼法以教人尔。’”

对此，湛甘泉做了进一步发挥，他说：“圣人之制礼以教人也，盖本之天理尔。天理者，天性也。故三千三百无一而非性也，岂但祭祀为然哉？故祭所以报本，至于豺、獭亦有然者矣，岂教使之然哉？君子于此可以知天性矣，圣人之教裁成天性之自然者也，人君欲立天下之教者，非得于天性之极致，其孰能之？”

3. 上老老而民兴孝，上长长而民兴悌

孝与祭是通过营造良好的小环境进而影响大环境。但是，大环境的好坏又会反过来影响小环境。小环境改良通过个人、家庭成员的心理结构的改造与实际行为可以达成，大环境改良则需要统治者（特别是高层统治者）用实际行动并通过制定相应的制度规范来达成。湛甘泉对此有充分的分析与论述。《格物通卷四十七·立教兴化中》载：

“齐明帝建武三年二月丙午，魏诏畿内七十已上，暮春赴京师，行养老之礼。三月丙寅，宴群臣及国老、庶老于华林园。诏国老黄耇以上假中散大夫、郡守，耆年以上假给事中、县令，庶老直假郡、县，各赐鸠杖衣裳。”

魏主作为最高统治者，其行为具有风向标的作用，从权力、地位及所掌握的资源来看，他都有足够的能力去影响大环境。湛甘泉对此评述道：“上老老而民兴孝，上长长而民兴悌。魏主诏畿内七十以上至京师行养老之礼，所谓老老而长长矣，所以厚风俗而崇治化，岂小小哉？”在湛甘泉看来，魏主的行为具有“厚风俗而崇治化”的作用，他所做的绝对不是一件小事，而是一件大事。

明朝建立后，明朝政府力图通过相关的行为与规章制度来塑造良好的社会大环境。洪武二十年（1387）闰六月，明太祖对礼部尚书李原名说：

“尚齿所以教敬事长，所以教顺。虞、夏、商、周之世莫不以齿为尚，而养老之礼未尝废，是以人兴于孝悌，风俗淳厚，治道隆平。曩者朕诏天下行养老之政，凡耆民年八十以上，乡党称善、贫无产业者，月给米五斗、酒三斗、肉五斤；九十以上，岁加帛一匹、绵一斤。若有田产能自赡者，止给酒、肉、絮、帛。其应天、凤阳二府，富民九十以上赐爵，社士八十以上赐爵，里士咸许冠带、复其家。尚虑有司奉行不至尔，其以朕命申之。”

湛甘泉对此评论道：“播弃黎老，商之所以亡也，善养其老而周之所以兴焉。一兴一亡昭然可见矣。”并对明太祖大加赞扬。明太祖还颁布了《御制大诰》与《教民榜》。《教民榜》载：“父母生育之恩至大，其鞠育劬劳详载《大诰》，今再申明。民间有祖父母、父母在堂者，当随贫富奉养无缺；已亡者，依时祭祀，展其孝敬。”

（三）师道立，则善人多

一个国家是否文明，是否治平，取决于这个国家有多少人具有文明的素质。而一个人是否具有文明的素质，要看他是否懂得做人的道理，而不是看他有多高的官位，有多少财富，或掌握了什么技艺与知识。尽管人天生具有善质，即天理，但人与生俱来的还有各种欲望。当天理取得主导地位，人就变成了善人；当欲望取得主导地位，人就变成了恶人。是天理取得主导地位还是欲望取得主导地位的决定因素有许多，其中一个重要因素或决定性因素就是教育。不同的教育会培养不同的人。以天理为基调的教育培养善人，以人欲为基调的教育培养恶人。所以，伊川程颐说：

“知道者多即道明，知者少即道不明也。知者多少亦由乎教。以鲁国言之，止及今之一大州然，一时所出大贤十余人，岂不是有教以致然也。”

对此，湛甘泉进行了深度的阐释，他说：

“道者，天理是也。此乃人心之所本有也，夫岂难知？惟物欲不蔽本体，澄彻则为圣。人之生知也，其次有气，拘物蔽者，必待教而学之，去其蔽道者，而道体自见矣。知道者渐多，则明以相养习，以成化如睹青天，如睹日星，有不待言说而道自显然矣。是由于教之行与不行尔。鲁国之地未为大也，而一时大贤辈出，后世之远天下之大，未多见其人焉，今之天下即古之天下，今之人心即古之人心，其人才之多寡相悬何也？在教学之兴废所致矣。故师道立，则善人多。”

从程颐与湛甘泉的上述论述来看，我们可以得出以下五点：第一，道即天理，其具体内容有孝、悌、忠、仁、爱、慈、肃、敬、中、中正、中庸等；第二，人与生俱来的不仅只有天理，还有各种各样的欲望；第三，各种各样的欲望会与天理进行较量，争夺人们心理活动与行为的主导权，天理会被各种各样的欲望所遮蔽、抑制；第四，要想让天理战胜人欲，就必须要立师道，即奉行正确的教育理念；第五，师道立，则善人多；善人多，则天下治平。

明朝建立后，极为重视师道的建立，明太祖登基之初，便发布命令说：

“凡孝子、顺孙、义夫、节妇志行卓异者，有司正官举明监察御史按察司体覆转达，上司旌表门闾。”

湛甘泉对明太祖此举给予了高度的肯定与评价，他说：

“此太祖旌奖之制也。旌奖亦教化之一端，是故旌一孝子、一顺孙，则凡天下之为人子、为人孙者皆孝顺矣；旌一义夫、一节妇，则凡天下之为人夫、为人妇者皆节义矣。何也？上有好者，下必有甚焉者矣。”

根据湛甘泉的观点，要立师道，就要发现先进的人与事，树为榜样与典型，进行物质与精神上的表扬，感染进而感化这些先进人物身边的人，让人们产生从众的心理与行为，让更多的人产生积极向善的心理结构与行为模式，进而使整个社会充满正能量。从心理学的角度来说，人们会自觉或不自觉地模仿榜样与典型人物的心理与行为。

除了树立榜样与典型之外，明太祖还颁布了《御制大诰三编》与《教民榜》。《教民榜》规定：

“民间子弟，或七八岁，或十一二岁，欲心未动，良心未丧，早令讲读《大诰三编》，诚以先入之言为主，使知避防趋吉，日后皆成贤人君子，为良善之民，免贻父母忧虑，不犯刑宪，永保身家。”

湛甘泉认为，如此可以起到防患于未然的作用，因为七岁到十二岁是人的价值观、世界观、人生观形成的重要时期，深入地说，是形成良性的、理想的人性组合形态与行为模式的重要时期。所以，在这个阶段，教育的重点就是进行礼义教化，让天理战胜人欲，使人成为善人。

二、因俗设教，移风易俗

因俗设教是指根据当地的传统、民风、民俗、习惯设置相应的教化内容、措施与路径，使人们形成理想的人性组合形态、心理结构与行为模式，即所谓的“约民于中”。移风易俗则侧重于改变、改造、重构当地的不良传统、民风、民俗与习惯，为当地输入正能量，从而形成积极的心理情感能量场，达到“治隆俗美”。两者都是教化的重要内容。

（一）因俗设教，约民于中

1. 观民设教

“观民设教”源自《周易》之观卦，该卦的象辞说：“风行地上，观先王以省方，观民设教。”湛甘泉对此进行了有深度且精辟的阐释，他说：

“观卦，上巽下坤，风行地上，动荡周遍，有行教以观于民之象。先王体观之象，立为省方，观民设教之礼。王者省于方岳，诸侯省于境内，因民俗而设教以观之，布其政教号令之典，奢则约之以俭，俭则示之以礼，抑其过，引其不及，而约民于中也。”

湛甘泉在此论述了五个方面的内容：第一，观民设教的两条路径，一条是王者之路，另一条是诸侯之路。王者着眼于天下，诸侯着眼于自己统治的境内。第二，设教的依据是民俗。第三，观民设教的内容是“政教号令之典”，其主体与核心部分便是礼。第四，观民设教的方法是“奢则约之以俭，俭则示之以礼，抑其过，引其不及”。第五，观民设教的目的是“约民于中”。

至于为什么要“观民设教”，湛甘泉说：

“夫天以阴阳五行化生万物，而气之中者即性，无所偏倚，故谓之降衷。……人能顺其自然而不凿以私智，固有仁义礼智信之常性矣。然气习不能无异，故必待人君建极立教而后能使之安于其道。”

湛甘泉又说：

“人君惇典庸礼非有外益之也，不过因其固有者裁之尔。孟子曰：‘孩提之童无不知爱其亲，及其长也，无不知敬其兄。’是其良知良能本然天理，故谓之天叙、天秩也。然气质之偏、气习之蔽，渐不如初，或失之太过，或失之不及，不能归于中道，是故必待于人君与臣惇之庸之而和衷之也。”

上述两段话集中说明了三个问题：第一，人性诸要素是天生的，无所谓偏，无所谓过，也无所谓不及；第二，先天的“气质之偏”与后天的“私智”、“气习之蔽”使得人性某些方面过度扩张或过度收缩，从而导致人性组合形态失去了平衡，造成人性的偏、过或不及；第三，正是因为人性组合形态出现了偏、过或不及，所以需要统治者“设教”，通过系统的教化，使人性恢复平衡，即所谓的中、中庸、中正。

明朝建立后，为了尽快恢复天下治平，也是为了明朝的长治久安，明太祖在“观民设教”上下了不少功夫。例如，

“国朝丙午三月，命江淮行省平章韩政率指挥顾时业。皇祖谓之曰：

‘公卿贵人子弟虽读书，多不能通晓奥义，不若集古之忠、良、奸、恶事实，以恒辞直解之，使观者易晓，他日纵学无成，亦知古人行事，可以劝戒其。民间农、工、商、贾子弟亦多不知读书，宜以其所当务者，直辞解说，作务农技艺商贾书使之通知大义，可以化民成俗。’”

从上述这段话来看，明太祖将国人分为两大部分：一部分是公卿贵人及子弟；另一部分是民间农、工、商、贾及子弟。这两部分人由于政治、经济地位不同，其心理结构、思维方式与行为模式也各不相同，即所谓的“习气”各不相同，因此，这两部分人需要不同的教化内容与教化方式。湛甘泉对明太祖的做法给予了高度的评价与充分的肯定，他说：“贾谊曰：‘闽越之子生而同声，及其长也，累重译而不能相通者，其习使之然也。’故士风民俗在素教习之而已尔。我皇祖有见于此，故于公卿贵人子弟则集古事实以为劝戒之规，于农工商贾子弟则作务农技艺书以为化成之，具立教兴化，规模宏远，此其所以定丕丕之基而垂千万年无强之休也。”

2. 三物教万民，八刑纠万民

“三物教万民”、“八刑纠万民”源自《周礼·地官》。《周礼·地官》载：

“以乡三物教万民而宾兴之，一曰六德，知、仁、圣、义、忠、和；二曰六行，孝、友、睦、姻、任、恤；三曰六艺，礼、乐、射、御、书、数。以乡八刑纠万民，一曰不孝之刑；二曰不睦之刑；三曰不姻之刑；四曰不弟之刑；五曰不任之刑；六曰不恤之刑；七曰造言之刑；八曰乱民之刑。”

从上述的内容来看，“三物”实指儒家的礼义规范及教化的内容，“八刑”实指违反儒家礼义规范而实施的惩罚。前者属于事前管理（控制），后者属于事后管理（控制）。事前管理（控制）着眼于良性的人性组合形态、心理结构与行为模式的塑造，事后管理（控制）着眼于对已经出现的失范的人与事进行处理。儒家认为，事前管理（控制）比事后管理（控制）重要，即礼义教化比刑罚重要。对国家与社会的管理（控制）应以礼义教化为主，以刑罚为辅。宋儒周敦颐在其著作《通书》中说道："圣人立教，俾人自易其恶，自至其中而止矣。"也就是说，礼义教化可以使人性达到平衡，即所谓的中（或中正）。湛甘泉也说：

> "教者所以觉人之良知而归于中正者也。中正者也，天理也。良知即人心之本体也。人之性质一而已矣。中正则善，偏邪则恶。邪者、恶者易，则中者、善者正矣。故至其中则正，正则天理至矣。易恶非拔其本有也，至中非益其所无也。尧之于变舜之风动，禹之不距朕行，汤之彰信兆民，文武之于昭丕冒……岂外求之哉？皆易恶至中之教尔，故人君之立教，岂外于一心邪正、善恶之间哉？"

湛甘泉认为礼义教化有易恶去邪的作用，因而也就具有"觉人之良知而归于中正"作用。人人存良知而中正，则天下大治。

但是，刑罚也具有不可或缺性。因为由于各种各样的原因，礼义教化对某些人并不起作用；某种情境与事件也不适合进行礼义教化。也就是说，单单用礼仪教化达到的作用是有限的。礼义教化与刑罚的共同作用才能使这些人的人性达到平衡，即所谓的"约民于中"。所以，湛甘泉说："以乡三物而教乎民，是故六德蕴之于心也，六行见之于行也，六艺游之于艺也。以三者而教之，夫然后教之事备矣。教之而不化又辅之以八刑，是故劝之有道而惩之有具。宜乎！民日迁善而不自知也。"

（二）移风易俗，治隆俗美

1. 移旧俗，树新风

一般来说，风俗不良，社会就混乱，人们的价值观就会迷失，行为就会失当。因此，通过移旧俗、树新风可以达到治隆俗美。对这一点湛甘泉用历史事实进行了分析与论述。

《格物通卷四十七・立教兴化中》载：

> "（东汉）延熹九年，贾彪尝为新息长，小民困贫，多不养子。彪

严为其制，与杀人同罪。城南有盗劫害人者，北有妇人杀子者，彪出案验，掾吏欲引南，彪怒曰：‘贼盗害人，此则常理；母子相残，逆天违道。’遂驱车北行，案致其罪。城南贼闻之，亦面缚自首。数年间，人养子者以千数。曰：‘此贾父所生也，皆名之为贾。’”

这是一个成功的移风易俗典型案例。在这个案例中，地方最高长官贾彪起了决定性作用，其价值取向影响了他的决定，从而改变了当地不良的风俗，形成了良好的治理格局。湛甘泉对此给予了高度的评价，针对当时两浙之间“以婚嫁侈靡杀其女”的情况，要求当时的皇帝“诏浙江有司严禁，示以杀人之罪”。

明朝建立之初，元朝留下的不良风俗严重影响社会的稳定，明朝统治者十分担心，着力进行改造，并取得了一定的成效。《格物通卷四十八·立教兴化下》载：

“洪武初，高原侃为监察御史，言京师人民循习元氏，旧俗凡有丧葬，设宴会亲友作乐娱尸，惟较酒殽厚薄，无哀戚之情，流俗之坏至此，甚非所以为治。且京师者，天下之本，万民之所取则，一事非礼，则海内之人转相视效，弊可胜言。况送终礼之大者，不可不谨，乞禁止以厚风化。太祖皇帝可其言，乃诏礼官，定官民丧服之制。”

湛甘泉对元朝的旧俗进行了激烈的抨击，他说：“曾子曰：‘人未有自致者也，必也亲丧乎。’故亲丧者，乃出于人之至情所自致者也。礼教不明，小民狃于故俗，丧葬宴会设乐娱尸，丧服失制，可谓有人心乎？风俗之坏至此极矣。三纲沦，九法斁，天地神明厌之而不可解。”湛甘泉对明太祖的移风易俗的努力及所取得的成效大加赞扬，同时指出：“法久易弛，今京师之吏民犹有此习，余风未殄，伏惟圣明修废举坠，大复祖宗之法，以追踪三代之治。”

为了改造元朝的旧俗，明太祖颁布了《资世通训》、《御制大诰三编》、《教民榜》等，为明朝社会与政治稳定奠定了基础。

2. 民俗善而衣食足

“民俗善而衣食足”源自程颐，程颐说：“为政之本莫大于使民兴行，民俗善而衣食不足者未之有也。水、旱、螟、虫之灾，皆不善之致也。”湛甘泉对此进行了有深度而详细的阐述，他说：

> “《中庸》曰：‘致中和，天地位焉，万物育焉。’使民兴行，非上有以分而与之也。中和者，人人之所同有也；善行者，人人之所同有也，感发而兴起之，致其中和之德，在一念之间尔。致中和，则民俗善，庶草蕃、百谷登、万物若而衣食足矣。是故一念之善，景星、庆云、祥风、瑞日至矣；一念之恶，则灾星、厉气、凶荒、札瘥生矣。为人君者可不谨其教化之原哉？”

这里所说的中庸就是平衡，平衡就是善。“致中和”，就人性而言就是使人性诸要素达到平衡，就自然界而言就是使自然界生态达到平衡。人性平衡是自然界生态平衡的重要前提。人性失衡会导致自然界生态失衡，例如，人性中占有欲望的过度扩张会导致自然生态的破坏；人性中冷漠、仇恨、报复心的扩张会导致人性中同情心、怜悯心、宽恕心被压抑，进而会对自然万物进行摧残与剥夺，从而导致自然生态失衡，水、旱、螟、虫之灾便由此而生，衣食由此而不足。好的风俗，不仅有助于人性平衡，也有助于自然生态的平衡。

从历史与现实来看，不良的风俗是人们致贫而缺衣少食的重要原因。特别是民间的不良婚丧嫁娶风俗，会使一般人家一夜变贫，使贫者无衣无食。明太祖出身底层，对此感受极深。因此，他一方面主张节约，另一方面倡导互助，以便树立良好的风俗，达到俗善而衣食足的治理佳境。他颁布的《教民榜》便明确指出：

> “乡里人民贫富不等，婚姻死葬谁家无之？今后本里人户，凡遇此等，互相赒恤，每户出钞一贯便是百贯，每五贯便是五百贯。虽有贫者，亦可措办，如此则众轻易举，行之日久，乡里自然亲爱。”

“乡里自然亲爱”是这一举措的最终目的。因为乡里亲爱则互助互帮，互助互帮则无衣无依者绝。所以，湛甘泉对这一举措给予了高度的评价，他说：“凡人相与之情莫善于亲，莫不善于疏亲，则如痛痒之相关，疏则如秦越之肥瘠也，故我圣祖同里死丧相周之令所以亲之也。《孟子》：‘乡田同井，出入相友，守望相助，疾病相扶持，则百姓亲睦，王政然也。’”

在这里需要特别指出的是，民间不良的婚丧嫁娶风俗往往与以人们婚丧嫁娶为谋利手段的利益集团有关。这个利益集团利用人们特殊时期的心理状态，使用各种手段，不断地推高人们婚丧嫁娶的成本，败坏社会风俗，使一般人家一夜变贫，使贫者无衣无食，进而危害社会的稳定。政府需要对这种利益集团的不良行为进行严厉的打击。

三、上以心感，下以心应

这里的上与下有三个维度：一是就君与民而言，君为上，民为下；二是就君与臣而言，君为上，臣为下；三是就官与民而言，官为上，民为下。所谓的“上以心感，下以心应”，指的就是为上者具有良性、积极的人性组合形态、心理结构与行为模式，对为下者就会产生良性的、积极的影响。进而使为下者形成相同或相似的人性组合形态、心理结构与行为模式，在上与下的互动过程中形成良性的心理情感能量场。因此，湛甘泉认为，为上者的心、身是教化之源，是教化之本。下面，我们就这三个维度分别进行分析、论述。

（一）君以心感，民以心应

1. 国家之本，在君之心

周敦颐说：“十室之邑，人人提耳而教，且不及，况天下之广、兆民之众哉？曰纯其心而已矣。”这意思是说，只有十户人家的小邑，人口很少，但要面对面地一个个进行教化，那是办不到的。何况君主统治天下，天下民众无数，如何能面对面地一个个进行教化？因此，君主要做的就是养成良性、积极的人性组合形态、心理结构与行为模式，即所谓的“纯其心”，形成一个巨大的正能量源，通过这个巨大的正能量源来影响天下民众的心、身，在全国形成一个巨大的正能量场。因此，湛甘泉说：

“国家之本在君，君之本在身，身之本在心。纯心也者，感化人心之本也。心有不纯，则其本先已失矣，将何以为教乎？故吾心纯，则有感而天下应，放诸四海而准矣。是之谓操约而施博，教不必耳提面命于天下，而天下劝者也。人君立教兴化可不知其本乎？《书》曰：‘民心罔中，惟尔之中。’故人君之教在纯其心，欲纯心者必自中始焉。”

湛甘泉这段话说明了三个问题：第一，国家之本，在君之心。君心是教化之本、教化之源。第二，君心要纯，要成为天理的化身与载体。具体而言，就是君主要养成良性、积极的人性组合形态、心理结构与行为模式，形成一个巨大的正能量源。第三，君主通过自己巨大的正能量源便可感化天下民众。所以，明太祖说：“治道必本于教化，民俗之善恶，教化之得失也。……身者，教化之本也，人君身修而人化之，好仁者耻于为不仁，好义者耻于为不义，如此则风俗岂有不美？国家岂有不兴？苟不明教化之本，致风俗陵替者，民不知趋善，欲国家长治久安不可得也。”

2. 君仁，民亦仁

湛甘泉认为“君仁，民亦仁”，他说：

“仁者，人心之天理，君民同然者也，上行之则下效之，而兴其同然之心……人君之于天下仁而已矣，天下之民心亦仁而已矣，为人君者，欲兴教化，岂待外求之哉。”

上述这段话包括了圣君感化万民的原理与机制。“仁者，人心之天理，君民同然者也”是感化的原理，而“上行之则下效之，而兴其同然之心”则是感化的机制。

关于君主感化万民的原理，《周易》咸卦的彖辞说：

“天地感而万物化生，圣人感人心而天下和平。观其所感，而天地万物之情可见矣。”

对此，湛甘泉有详细的解读，他说：

“天地之与万物一气也，故天地之气相感，则太和氤氲而化育成矣。圣人之与万民一心也，故圣人感之以吾心之理，则丕应徯志而和平致矣。天地以气，圣人以心，其所以感应者理一而已，理一即性一，性一即情一。情不可见，以其所感而见之尔。故天地圣人之感人物而无不应者，以其情性之同也，故即其所感，观之天地，万物之情见矣。人君能得人心同然之理，有感而必通矣。天下其有不和平者乎，故不必求之天下之人心而求之吾心焉可也。”

从湛甘泉上述的解读来看，君主感化万民的原理有二：第一，从宇宙的角度来看，“天地之与万物一气也，故天地之气相感，则太和氤氲而化育成”；第二，从君与万民的关系来看，“圣人之与万民一心也，故圣人感之以吾心之理，则丕应徯志而和平致矣”。湛甘泉认为，人君与万民气一、心一、理一、性一、情一，“能得人心同然之理，有感而必通矣”。

关于人君感化万民的机制，《孝经》说：

“先王见教之可以化民也，是故先之以博爱而民莫遗其亲，陈之以德义而民兴行，先之以敬让而民不争，导之以礼乐而民和睦，示之以好恶而民知禁。”

湛甘泉对此进行了更深入、更详细的阐述，他说：

“博爱者，老吾老以及人之老，故无不爱也；陈之以德义者，陈说其德行道义以感动之，得其心之所同然，故兴行也；先以敬让者，躬行、恭敬、辞让则感其辞让之本心，故不争也。礼以理其心，乐以乐其心，故和睦也；示好以引之，示恶以止之，故知禁也。博爱也、德义也、敬让也、礼乐也、好恶也，上之教也。不遗亲也、兴行也、不争也、和睦也、知禁也，下之化也。是故观其教化而人心之同然者，可知矣。”

湛甘泉又说：

“恭、敬、慈、孝，人心之所同然者也，上行之则下效之，此无他故矣，盖其所同然者，有不期然而然尔。故先王事天地、奉宗庙、养高年、字百姓，皆尽吾性之不容已者尔，民之恭、敬、孝、慈之化，岂非感发其所同然者乎，故立教者得其心之所同然者，则几矣。”

从上述两段文字来分析，我们可将圣君感化万民的机制概括为三个词：诚心、尽性、立行。

同时，湛甘泉指出，不同类型的君主对万民感化的机制与结果存在差异，有时这种差异非常巨大。他说：“文武兴，则民好善；幽厉兴，则民好暴。感应之机，何异于影响之捷哉？人君惟慎其所感而已矣。”

（二）君感以心，臣应以心

关于君臣关系，在本书第二章的第二节《上下有别，各尽其道》中已经有了比较详细的分析与论述。这里则是分析、论述君臣心灵感应及其产生的相应行为。实质上，君臣关系背后隐藏的就是双方的心理互动关系。也就是说，君主有什么样的心理与行为，臣下便会产生相应的心理与行为。湛甘泉对此有十分深刻的理解，他说：

“上以廉耻礼义遇之，则使臣以礼矣；下以节行忘私报之，则事君以忠矣。故上以礼，则下以忠感应之，必然也。为人君欲得臣之报礼以图治理者，何惮而不以礼乎。”

“上以礼，则下以忠感应之，必然也”包含了两个层面的含义：第一，君主有什么样的心理，臣下就会有什么样的心理；第二，君主有什么样的行为，臣下便会有什么样的行为。心理是行为的依据与基础，违背真实心理结构的行为是不可持续的，而且会被人识破，不仅起不到预期的作用，甚至还有反作用。所以湛甘泉说：

> “君臣感通之道诚而已矣。诚者，心之实理，上下同然者也。故彼感此应，有不期然而然者。若不诚，则心贰，心贰则势离，乱之所由生也。上下一于诚，则上下交而其志同，如腹心手足之一体矣。以之作事，何事不成乎？然则君臣相与感应之际可不诚哉？”

信是言与行的一致性，诚则更进一步，它强调心与言、行的一致性。湛甘泉认为，诚是天理，是“心之实理”，君臣之间互相感通的关键与基础就是诚。湛甘泉在著作中提及了豫让事智伯的故事。《贾谊新书·阶级》载：

> 豫让事中行之君，智伯伐中行，灭之，豫让移事智伯。及赵灭智伯，豫让衅面变容，吞炭变声，必报襄子，五起而弗中，襄子一夕而五易卧。人问豫让，让曰：“中行众人畜我，我故众人事之；智伯国士遇我，故为之国士用。”故此一豫让也，反君事仇，行若狗彘，已而折节致忠，行出乎烈士，人主使然也。故人主遇其大臣，如遇犬马，彼将犬马自为也；如遇官徒，彼将官徒自为也。顽顿无耻，奊苟无节，廉耻不立，则且不自好，则苟若而可，见利则趋，见便则夺。主上有败，困而揽之矣；主上有患，则吾苟免而已，立而观之耳。有便吾身者，则欺卖而利之耳，人主将何便于此！群下至众，而主至少也，所托财器职业者，率于群下也，但无耻，但苟安，则主最病。

这个故事充分说明了“君感以心，臣应以心”这一命题的正确性。《论语·八佾》载：“定公问：‘君使臣，臣事君，如之何？’孔子对曰：‘君使臣以礼，臣事君以忠。’”对此，孟子说得比孔子更为直截了当，他说：“君之视臣如手足，则臣视君如腹心。君之视臣如犬马，则臣视君如国人。

君之视臣如土芥，则臣视君如寇仇。”也就是说，君的心理与行为直接影响着臣的心理与行为。君不仁，臣就可能不忠，甚至投靠其他的君。

（三）官以心感，民以心应

1. 民之于上，不从其令而从其好

这里的“官”是指除皇帝之外的掌握实权者，主要是指各级地方长官。各级地方长官掌握着所管理地区的政治、经济、文化资源，其一言一行都影响着其下级及广大民众。湛甘泉说：

> “民得天地之和气以生，故其性本淳厚，知诱物化，遂渐移而浇薄尔。然厚既可迁而薄，则薄者岂不可反而厚乎。厚者，乃其本然也。反之之道，惟在于上尔。民之于上，固不从其令而从其好尔。……盖在心为德，在事为道。德者，体而。道者，用也。敬典而在德，则道由中出，教由我行。以身教者，从，故其感人捷于桴鼓……盖人人各率其性，各由其道，则天下为大道之世矣。”

湛甘泉这段话有三个方面的内容：第一，人民“得天地之和气”而生，所以其性本来淳厚，但由于后天不良的价值观、世界观与人生观的诱导及后天不良环境的影响，便变得“浇薄”了。第二，淳厚可变得“浇薄”，“浇薄”当然可变回淳厚，因为淳厚是人性的本然状态。第三，要让人民由“浇薄”变回淳厚，关键在于各级统治者的德行，即各级统治者的人性组合形态、心理结构与行为模式。因为人民的心理结构与行为模式不怎么受统治者命令的影响，而受各级统治者的人性组合形态、心理结构与行为模式的影响。所以，各级统治者要以身教来感化广大人民群众，使自己成为当地强大的正能量源。

《论语》说：“君子笃于亲，则民兴于仁，故旧不遗，则民不偷。”

这里的“君子”可泛指各级地方官员。各级地方官员诚心实意地孝敬自己的父母、善待自己的兄弟姐妹，其所管辖之地的人民就会“兴于仁”，形成积极的心理结构与行为模式。至于为什么会如此，湛甘泉说：

“亲者全其亲，故者全其故。亲故者，人之情、天之理也。然上之人同此心也、同此理也，下之人亦同此心也、同此理也。故我能尽此心于亲亲，则下兴其仁爱之心，同然矣。我能循此理而不遗故旧，则下亦感化而厚勃然矣。”

上述这段话是湛甘泉分析地方官员感化所辖地区人民的原理与机制。第一，原理就是“亲故者”是人之情、天之理，地方官员与所辖地区人民同此情，同此理，同此性，同则相感相趋。第二，机制就是上行下效，即所谓的“我能循此理而不遗故旧，则下亦感化而厚勃然矣”。

2. 守宰得人，可化万民

正是因为“民之于上，固不从其令而从其好”，所以，对地方官员的选拔就十分重要。《格物通卷四十七·立教兴化中》载：

“齐武帝永明五年十二月，魏主问高祐曰：‘何以止盗？’对曰：‘昔宋均立德，猛虎渡河；卓茂行化，蝗不入境，况盗贼人也？苟守宰得人，治化有方，止之易矣。’”

皇帝通过自身的道德修养可以形成一个强大的正能量源，通过这个强大的正能量源可以影响大臣、各级地方官员和全国民众。但是，国家毕竟太大，随着空间距离与人际距离的扩大，皇帝的影响力呈现逐步衰减现象。因此，一个强大的正能量源显然是远远不够的，各级地方官员也应该是一个个正能量源。通过这些众多的正能量源来感化、教化民众，从而实现天下太平。所以，湛甘泉说：

“教化之于人大矣，猛虎、蝗虫异类，无知，犹且感格，而况于盗贼乎？而况于人乎？所以然者，以其气之一也，夫守令近民也，人君为国得人以立教化如均茂焉，则人人施其教而天下平矣。”

湛甘泉这段话有三个关键点：第一，“教化之于人大矣”，之所以教化是一件大事，是因为教化的目的是塑造人的理想人性组合形态、心理结构与行为模式，这是国家治理的核心，是社会正常运转的基础与前提条件。第二，“守令近民”，即各级地方官员在空间距离上与人际距离上离广大民众最近，他们可有效地传导皇帝的正能量，也可以有效地屏蔽皇帝的正能量；他们自己可以成为一个强大的正能量源，也可以成为一个强大的负能量源，并对当地民众产生巨大的影响。第三，基于第二点原因，所以湛甘泉强调“人君为国得人”，即治理国家一定要选择好各级官吏，特别是各级的地方长官。唯有如此，才能达到“人人施其教而天下平”。

在上述两段引文中提到了两个历史人物，一个是宋均，另一个是卓茂，他们是两个地方长官的典型，是“守宰得人，可化万民”的典型代表。

第四章
为君治国，要在正心

“君”本指一个国家的最高统治者，但现代社会是一个高度组织化的社会，这个社会是由无数个不同类型的组织所构成的，每一个组织都是一个独立的法人，有自己相对独立的经济、政治、社会、文化体系。因此，在这里，“君”可以泛指所有组织的最高管理者，甚至可以泛指组织中每个部门的最高管理者。

本书的第三章第三节《上以心感，下以心应》分析论述了君主作为全国的最高统治者对各级官员和民众的强大的影响力，而这种影响力是通过其所形成的强大心理情感能量场来发挥作用的。正面、积极的心理情感能量场产生正面、积极的作用，负面、消极的心理情感能量场产生负面、消极的作用。因此，君主治国理政的根本就是不断地提高自己的道德修养，形成一个以自己为中心的强大的积极的心理情感能量场。

道德修养就是湛甘泉所说的正心。关于如何正心，根据湛甘泉的相关论述，可以从四个方面着手：识性调性，以性正心；立本执敬，以本正心；亲近君子，以人正心；学问为礼，以正危心。

一、识性调性，以性正心

在湛甘泉的思想体系中，人性是由许多要素构成的。所谓的“识性调性，以性正心”，指的就是通过认识人性，调节人性诸要素的组合关系，形成理想的人性组合形态，从而达到正心的目的。这个过程实质上就是“心的性化”过程。

（一）寡欲养心

孟子说：“养心莫善于寡欲。”湛甘泉对此解释道：

> “心之本体即天理也，欲害之，故失其本体尔。……夫欲去一分，则理存一分；欲去十分，则理存十分，而心之本体正矣。”

这里的“欲”是指人性中的各种欲望。孟子说“寡欲”而不说“灭欲”，因为人性中的各种欲望是作为质而存在的，不可灭，只可从量上和强度上减弱、减少。这里的“天理”，是指人性的仁、慈、孝、悌、义、敬、俭等，它是心的价值本体，这种价值本体是“心的性化”的结果。欲与天理同时存于人性之中，它们互相较量。所谓的“欲去一分”、“欲去十分”，是就针对欲的强度与频度而言的。当天理在人性中取得主导地位时，人心就由天理主导，人就会依据天理进行思维活动并做出相应的行为；当各种欲望在人性中取得主导地位时，人心就由欲望主导，人就会依据欲望进行思维并做出相应的行为。正如湛甘泉所说：

> “夫心一而已矣。纯乎天真，谓之道心；杂以人伪，谓之人心。人心之得其正即道心，道心之失其正即人心。非有二也。仁爱、正直、羞恶、忠悫之心皆天理也，忮害、邪诐、贪鄙、巧伪之心皆人欲也。天理日进，则人欲日消；人欲消尽，则纯是天理，化之者为圣人。故君子之学在随处体认天理而已矣，千圣千贤之贯也。”

所谓的“心一而已矣”，是指就自然本体而言，心只是思维、感觉的器官而已。它变成道心还是变成人心，在很大程度上取决于天理与人欲在人性组合过程中较量的结果。这实际是“心的性化”的两个维度。当天理在人性组合形态中取得主导地位，人心就会依天理进行感觉与思维，人心就变得仁爱、正直、羞恶、忠悫；当人欲在人性组合形态中取得主导地位，人心就会依人欲进行感觉与思维，人心就变得忮害、邪诐、贪鄙、巧伪。人心可化为道心，道心可变为人心。道心、人心，同在一心，这就是“夫心一而已矣”、“（心）非有二也”的全部含义。因此，湛甘泉主张“损君子以惩忿窒欲”。

（二）君子以仁存心

孟子说：“君子所以异于人者，以其存心也。君子以仁存心，以礼存心。”对此，湛甘泉解释道：

> “此孟子明君子所存之心示人以正心之学也。夫以仁礼存心，非谓取诸外以存之也。仁即是心之生理，礼即是心之天理。同是一理，苟能体认此理，而心存存，即无一念而非仁礼矣，此乃复吾心本体之正，非由外铄我也。我之心也，得其心则得仁礼矣，失其心，则失仁礼矣。此君子之所以异于人者，乃得人心之常尔，岂别有异于人哉？故君子之学在于体认天理而存，随感而见，施之爱人则为仁，施之敬人则为礼，本立而道自生矣。”

从上述这段话，我们可以得出三点：第一，仁与礼并非“取诸外以存之”，它们本来就存在于我们的本性之中，它们是我们本性中的天理。第二，只要我们能充分认识到仁、礼就存在于我们的本性之中，随时随地加以体认，让仁、礼在我们的本性中取得主导地位，那么，我们的心，即我们的思维就会由仁、礼所支配。第三，君子之所以异于常人，就是他们能认识到自己本性中存在仁与礼，随时随地体认，让仁、礼主导自己的思维与行为。所以，湛甘泉说：“圣人之心一仁而已矣，则亦何过之有哉？是以口不失于人也，足不失于人也，色不失于人也。三者尽而圣人之善事其心者可知矣。是故圣人之无过以其无违此心也，无违心者，善事心者也，非以此事彼之谓也，事之即心也，孟子曰：‘存其心，养其性，所以事天也。’然则为人君者，知善事其心则知善事其天矣。”概括而言，湛甘泉这段话的意思就是说，圣人之心由仁主导、支配，所以其言行举止没有过错。

（三）人心惟危，允执厥中

寡欲、以仁存心可以塑造理想的人性组合形态，这种理想的人性组合形态可以主导、支配我们的思维，即所谓的“正心”。同时，湛甘泉也认为，人性平衡也是一种理想的人性组合形态，是天理，是道，也被称为中、中庸、中和、达道。因此，中（中庸）无论是作为一种事实的存在还是作为一种价值的选择，都可以影响、支配人的思维与行为。

中国古人对此早有认识，并用于社会治理之中。例如，《尚书·虞书·大禹谟》载：“人心惟危，道心惟微，惟精惟一，允执厥中。”湛甘泉对此诠释道：

> “此乃帝舜传授大禹以心学也。心者，人之精神虚灵知觉者也，顷刻之间于躯壳上起念，血气用事即谓之人心；顷刻之间于义理上起念，德性用事即谓之道心。故程颢曰‘人心，人欲；道心，天理是也’。……即此天理是也，天理则不偏不倚，无过不及，故谓之中。”

“心者，人之精神虚灵知觉者也”，说明心只是一个思维、感觉、感知器官，如何思维，如何感觉，如何感受，完全受“念”的支配，这种“念”可以来自外界，也可以来自人性。人性中有天理也有人欲。“血气用事”即是“人欲用事”，“德性用事”即是“天理用事”。“用事”即是“起念”或“念”。中或中庸是天理与人欲互相较量、互相制约与互相平衡的一种状态，其特点是“不偏不倚，无过不及”。

中或中庸是天理、天道，人欲与天理各得其所，各受所制。正如《礼记·曲礼》所说：“敖不可长，欲不可从，志不可满，乐不可极。贤者狎而敬之，畏而爱之，爱而知其恶，憎而知其善，积而能散，安安而能迁，临财毋苟得，临难毋苟免，很毋求胜，分毋求多。”湛甘泉对这段话进行了解释，并有所发挥，他说：

“人心之动几也。几也者，理欲之分而善恶之原也。君子知其几而谨焉，故能领恶而全好也。是故长敖者贼也，从欲者荒也，志满者骄也，乐极者淫也。若是者欲之炽而恶几之成也，故在远之而已矣。狎而敬，敬所忽也；畏而爱，爱所严也。爱憎好恶不失其正也，施仁徙义必得其道也，若是者，理之充而善几之成也。故在为之而已矣。毋苟得，所以取义也；毋苟免，所以求仁也；毋求胜，所以养让也；毋求多，所以养廉也。”

人心正与不正、善与不善，非常微妙，即所谓的“几”。这种微妙就在于认识、区分人性中的天理与人欲。在社会活动中，天理与人欲都不能被践行过度。过度即为恶，适度即为善。这种天理与人欲各得其所的状态也被称为“尽性”，张载在《正蒙·大心》中说：“圣人尽性，不以见闻梏其心，其视天下无一物非我。”湛甘泉则说：“人心广大，天地万物同体者也。见闻之念起于躯壳之私，则广大之体蔽而身外皆非我矣。圣人尽己之性以尽人之性，尽人之性以尽物之性，以其性一也。其视天下无一物非我也，是之谓见大，见大则小不足以梏之矣。”

二、立本执敬，以本正心

立本，即确立主导性的价值观。执敬，对主导性的价值观怀有敬畏之心，在治国理政的过程中怀有敬畏之心，在待人接物时怀有敬畏之心。所谓的“以本正心”就是以主导性的价值观来支配自己的思维、心理结构与行为。从湛甘泉的相关论述来看，“立本执敬，以本正心”主要包括三个方面的内容：志立我立；执事敬，则心事合一；敬立而万事出，天下治。

（一）志立我立

1. 心同而立心有异

有人问湛甘泉：“每个人的心与其他人的心都不同吗？”湛甘泉说：“不是的。”那人又问：“每个人‘立心’存在差异吗？”湛甘泉回答说：

"是的。"

所谓的"立心"就是立志、立本，即树立主导性或支配性的价值观、人生观与世界观。上述这段对话说明了两个问题：第一，作为思维、感知、感觉器官，我们每个人的心都是一样的，没有差异。第二，主导或支配每个人思维、感知、感觉的价值观、人生观与世界观存在差异，有时这种差异十分巨大。

《樵语·克艰第九》载：

> "公赞、仕鸣侍，问：'动心、不动心何以异？'甘泉子曰：'心动乎天则生，故欲其动。心动于物则死，故欲其不动。'"

这里的"天"，是指天理、天道；这里的"物"，是指物欲、人欲。天理与人的各种欲望都存在于人性之中。"心动乎天"，是指心依据天理进行思维、感知、感觉。"心动于物"是指心依据人欲进行思维、感知、感觉。天理与人欲是两种完全不同的价值取向，因而其结果也完全不同，一个是"生"，另一个是"死"。这实际上是进一步分析"心的性化"的两个不同的维度。

《格物通卷四·诚意格·立志下》载：

> "问：人有少而勇，老而怯；少而廉，老而贪，何为其然也？程子曰：志不立，为气所使故也。志胜气，则一定而不可变也。曾子易箦之际，其气微可知也，惟其志既坚定，则虽死生之际，亦不为之动也，况老少之异乎？"

这里的"气"实指形质之气，即人的各种欲望。人性中的各种欲望在不同的情境下会呈现出不同的组合形态，在人生命周期的不同阶段其组合形态也会存在差异。究其原因，是由于个体没有形成主导性或支配性的价值观、人生观与世界观。曾子就形成了以天理为内核的主导性价值观、人生观与世界观，所以，他一生的思维、心理结构与行为都稳定。所以，湛甘泉说：

“人有恒言，志其帅也，气其卒徒也。帅欲进则进，欲止则止，此其机。犹非一身也，志其心也，气其手足也，心欲持则持，欲行则行，在我而已矣。故君子养其志而气斯至焉，故志立而气随，则老少死生不能移矣。”

2. 圣学莫先于立志

正是因为“立志”（“立心”）不同会导致思维方式、感觉感知方式不同，进而产生不同，甚至完全相反的行为，造成不同，甚至完全相反的后果，所以，对于一个人来说，特别是对于一个组织的最高领导者来说，“立志”（“立心”）就成了头等重要的事情。正如湛甘泉所说：

> “夫圣学莫先于立志，立志莫先于见大，见大者非他，即天理也。天理者非他，即吾心之本体也。心体，本自广大，本自高明。”

圣学的关键与前提就是“立志”（“立心”），即以天理作为自己的价值观、人生观与世界观，将天理作为价值本体，这一本体“自广大”、“自高明”。这一本体是管理者，特别是一个组织最高管理者“正心”的基础与要诀。

（1）苟志于仁矣，无恶也

孔子说：“苟志于仁矣，无恶也。”湛甘泉对此进行了深度诠释，他说：

> “仁与不仁之间不能以发者也，入乎此，则出乎彼。恶者，非仁也，吾心之邪念也。仁者，天理也，吾心之中正也。人于顷刻之间邪念生焉，则为恶而不仁矣；顷刻之间而正念生焉，则为天理而不仁远矣。故其心诚在于仁，随时随处体认天理，一毫私意亦退听矣，恶念何自而生哉？故曰：无恶也。然则如是何以至于圣乎？曰：系乎诚否何如耳。诚则不已，不已则变，变则化。孟子曰：夫仁亦在乎熟之而已。”

仁即是天理，是“吾心之中正”。非仁为恶，是我们心中的邪念。这是两种完全对立的价值体系，就个人的选择而言，非此即彼，所以，孔子说“苟志于仁矣，无恶也”。对于组织最高领导者而言，要达到修行的最高境界“圣”，就必须要诚心诚意地践行仁，即天理。湛甘泉说：“古之志士常令内恒重而外恒轻，我恒大而物恒小，理恒胜而欲自消，故气莫能动而习莫能乾，故曰‘天之所以与我者，先立乎其大者，则小者不能夺’。小者不能夺，则物亦不能交而引之矣。”湛甘泉又说：“异端利禄之夺志，夫人皆知之也。文采读书之夺志，虽宿学者未必知之也。……夫志立则我立，我立则读书文采不能丧志，而皆可以养志矣。”

（2）志者，进德之基

《格物通卷四·诚意格·立志下》载：

“真德秀曰：‘志者，进德之基，若圣若贤莫不发轫乎此。’志之所趋，无远不达，穷山穷海不能限也。志之所向，无坚不入，锐兵精甲不能御也。善恶二途，惟道与利而已，志乎道，则理义为之主，而物欲不能移志乎。利则物欲为之主，而理义不能入。尧、桀、舜、蹠之所繇以异也，可不谨乎。”

正是因为“苟志于仁，无恶”，所以，“志者，进德之基”。为圣、为贤都从“立志”（“立心”）开始。“立志”（“立心”）不同，德性与行为便有差异，有时差异非常巨大。所以，湛甘泉评论道：

“真德秀论志之言可谓切至矣。……夫志者，人道始终之贯也，故孔子自十五志学至于不逾矩，皆一志之所至也。”

意思是说，真德秀关于志的论述十分正确，孔子之所以为大家所崇敬，就是因为自小立志，一以贯之。所谓立志，就是立心，即树立正确的价值观、人生观与世界观，并以正确的价值观、人生观与世界观主导自己的思维模式、心理结构与行为。可以说，“立志”（“立心”）是一辈子的事情，一时一刻都不能松懈。《格物通卷二十·正心下》讲了一个故事：

“程颢年十六时好田猎，后见周敦颐，自谓今无此好矣。敦颐曰：

‘何言之易也？但此心潜隐未发，一日萌动，复如前矣。’后十二年，暮归在田野间，见田猎者，不觉有喜心，乃知果未也。”

对此，湛甘泉评论道：“心之本体无一物也，动于气而物欲生焉，欲之根既生，未易得而除也，见天理则人欲消矣，顾其根未易拔也，必体认天理之公，久则可夺旧习矣。颢，天资最高而犹不能忘少年之习，于涵养积久之下者，以病根在也。然而下颢一等，则其欲根之萌，技叶扶疏，将折斧斤矣。”

（二）执事敬，本体立

张载说：“正心之始，当以己心为严师，凡所动作，则知所惧，如此一二年间，守得牢固，则自然心正矣。”

对此，湛甘泉解释道：

“人心之失，事迁之也。惟执事敬，则心事合一而本体立矣。本体立则视听言动无往而非本体之发，夫恶得而放之？夫人之心不可欺也，知其不可欺，恒若严师之存，而本心无不正者矣。”

湛甘泉这里说的所谓的本体，是指心的价值本体或价值本体之心。“人之心不可欺”中的“心”，也是指价值本体之心。价值本体之心就是孟子所谓的“四端”，就是湛甘泉所谓的“天理”，所谓的道。价值本体之心的失落是外在事物作用所致，只要我们在处理外在事物时，对天理怀有崇敬、畏惧、警戒之心，我们的价值本体之心就不会失落，就可以做到心事合一。从领导者的正心而言，敬、畏、惧、警，异名而实一。

1. 人主有所警，则惕厉之心生

《格物通卷十二·诚意格·儆戒四》载：“宋理宗宝祐三年春正月，起居郎牟子才上疏言：‘元夜张灯侈靡，娼优下贱奇技献笑媟污清禁，上累圣德，今震霆示威，愿圣明觉悟，天意可回。’帝纳其言。”

对此，湛甘泉进行深度诠释，他说：

> “人主有所警，则惕厉之心生；无所警，则逸豫之心胜，此天理人欲相胜之几，而国家安危治乱之决也。元夕张灯侈靡，奇技杂进快心，人主之逸乐也，牟子才因迅雷进谏，使理宗惕厉之心胜其逸豫之私，由是而遏人欲存天理，德可成矣。弼正之士敕天之言，人主可不常闻乎？”

这里的“人主”可以泛指一切组织中的最高领导者。“惕厉之心”就是崇敬、畏惧、警戒之心，此心与“逸豫之心”相对。此心胜则天理胜，此心败则天理败。天理胜则国家安泰，天理败则国家危亡。

2. 王者知有天而畏之

朱熹曰：“王者知有天而畏之，言行必信，政教必立，喜怒必公，用舍必当，黜陟必明，赏罚必行。”

朱熹这里所说的“天”就是天理，就是道。作为组织最高领导者只是知道有天理还不够，必须对天理心存崇敬、畏惧、敬畏之心，并以天理为警戒，才能对组织进行有效的管理。因此，湛甘泉说：

> “人莫不有天也，己即天也，则夫言行、政教、喜怒、用舍、黜陟、赏罚皆天也，人惟不知其有尔。夫天者，理也，王者知而畏之，则存诸心，施之政，达诸事，无一而非天理矣。后世庸主则罔知而不畏，是以言行之不信、政教之不立、喜怒之不公、用舍之不当、黜陟之不明、赏罚之不行，而与天相违矣。然则为人君者可不知其天以敬之乎？”

“己即天”，说的是天理是我们人性中的重要组成部分，是人性的事实本体与价值本体，同时也是人心的价值本体。作为组织的最高管理者，要成为天理的载体、体现者与践行者，唯有如此，管理者的言行、政教、喜怒、用舍、黜陟、赏罚等才能与天理相符。圣明的管理者能做到这一点，平庸的、昏庸的管理者则做不到这一点。平庸的、昏庸的管理者不知道有天理的存在，或知道有天理的存在而对天理没有崇敬、畏惧、敬畏之心。

3. 君子畏天命

五峰胡宏说："君子畏天命，顺天时，故不行惊众骇俗之事而常中。小人不知天命，以利而动，肆情妄作，故行惊众骇俗之事，必其无忌惮而然也。"

胡宏这里所说的"天"也是指天理，"天命"即为天理的规定、命令、铁律；这里所说的"中"就是指中庸，用现代的话来说就是平衡。在本书第一章论述湛甘泉思想中天理的内涵时，便分析了平衡即中庸也就是天理。平衡包括世间万事万物之间的平衡、人与自然之间的平衡、人性内部各个构成要素之间的平衡。平衡作为一种规律是一种事实本体，作为价值取向则是价值本体。无论是作为事实本体还是作为价值本体，管理者都必须严格遵守，不能违背。所以，湛甘泉说：

> "天命、天时一中而已矣。惟君子而知畏之、顺之焉，故不敢过其中也。小人不知畏而顺之，故失其中而过焉。君子小人之分，一念之敬肆也。人主其可不知所以取舍也哉？"

天命、天时的特点与实质就是中，就是中庸，就是平衡，即无过无不及。只有好的管理者知道这一天理的存在与内涵，对天理怀有崇敬、畏惧、敬畏之心，并依据天理修身、正心、齐家、治国、平天下。不合格的管理者或小人则与此完全相反。

（三）一敬立，天下治

湛甘泉说：

> "圣人之心与天地相似，何有不正？常人之心有滞于忿懥、好乐、恐惧、忧患，故与天地不相似，而鉴空衡平之体亡矣。正之之功何如？曰'敬而已矣'。是故人君一敬立而万事出，天下治矣。"

天地即为自然，自然最大的特征就是平衡，这也是自然运行的规律，是天理。"圣人之心与天地相似"指的就是圣人体认到这一天理，并对天理怀有崇敬、畏惧、敬畏之心，依据天理行事，所以，圣人之心无时无地不正。而一般人被忿懥、好乐、恐惧、忧患所滞，人性失去平衡，人心亦失去平衡。如何让人性、人心恢复平衡？那只有体会天理，并对天理怀有崇敬、畏惧、敬畏之心，同时，依据天理行事。如此，作为组织的最高管理者来说，就可以做到“一敬立而万事出，天下治”。“一敬立”，即对天理崇敬、畏惧、敬畏之心的确立。

1. 方寸乱，何以成帝王之业？

杨时说：“戡定祸乱虽急于戎，务必本于方寸，不学以致知，则方寸乱矣，何以成帝王之业乎。”对此，湛甘泉诠释道：

> “万事本乎一心，心无主则一箨之堕可以乱我方寸矣，况能应天下之大变乎？《易》曰‘震惊百里，不丧匕鬯’，言有主也。人君为天下之主者，其可弗之思乎？”

这里的“方寸”，指的就是心。“心无主”指的是一个人没有价值本体之心。我们同时有多个心，或者说“一人有着千万心”，在这“千万心”中必须立个主、立个君，这个主、这个君便是价值本体之心。作为组织的最高管理者，只要将天理作为自己心的价值本体，就能够成就大业。否则就会出现两种不堪设想的情况：一种情况是心中无主；另一种情况是以人欲作为心中之主。在这两种情况下都无法成就大业。

2. 存天理则天命眷之

《贾谊新书》载：“敬之敬之，天惟显思，命不易哉。毋曰高高在上，陟降厥士，日监在兹。”对此，湛甘泉诠释道：

> “此成王受群臣之戒而述其戒之之辞，盖群臣之意欲王持敬以保天命也。敬者，主一之谓，《中庸》所谓戒慎恐惧也，即天理也，言天理至为显著，人君当敬之以顾諟天之明命也。……存天理则天命眷之，失天理则天命去之。其去就予夺之防无常而难保也。是以人君与天，其势虽若悬绝，然事之隐显、大细、远迩，天无不陟降而日监视之。人君当

无一念而不敬以合乎天理，则天命归之矣。然则吾心即天也。有天下者，乌可谓天为高远忽而不敬乎？”

湛甘泉上述论述说明了四个问题：第一，作为管理者要对天理“戒慎恐惧”，遵守、践行天理。第二，天理无时不在，无处不在，所以管理者要随时随处体认天理。第三，天理不在他处，就在我们的本性之中。第四，只要组织的最高管理者将天理立为自己心的价值本体，就会形成一个以自己为中心的强大的、积极的心理情感能量场，就会众望所归，民心所向，成就大业。正如湛甘泉所说：“夫心之本体，一天理而已矣。……人主诚能知是心之大而加扩充之功，则足以保四海而无余矣。”

三、亲近君子，以人正心

近朱者赤，近墨者黑，所以，君主（一个组织的最高管理者）必须亲近君子，远离小人，自己的心才能常体正道，行为处事不离天理。湛甘泉在著作中对此有十分丰富与精辟的论述。

（一）“大人”以道事君

湛甘泉说：

“大臣即是大人为之所养者大，故其德业亦大。所谓大者，道是也；所谓道者，天理是也。大臣以此事其君，引之当道，格其心而志于仁。”

湛甘泉的上述文字说明了三个问题：第一，君主身边的大臣应该都是君子，即所谓的“大人”，而非小人。第二，“大人”依据天理进行修养，所以其品德高尚，心性纯正，行为处事不离天道。第三，正是因为“大人”其品德高尚，心性纯正，行为处事不离天道，从而形成一个强大的、积极的心理情感能量场，能对君主发挥积极的影响，即所谓“引之当道，格其心而志于仁”。如果君主身边的大臣都是君子，则君主心性必定纯正。

刘向对“大人”如何正君之心有明确的观点，他说：

“虚心白意，进善通道，勉主以礼义，论主以长策，将顺其美，匡救其恶，功成事立归善于君，不敢独伐其劳。”

刘向的意思是说，作为“大人”的品德与行为表现为诚心实意，通晓并随处体认天理，给君主出好的主意，鼓励君主按制度规范（礼义）办事，遇到问题引导君主从长远的角度进行考虑，充分发挥君主的长处与优点，补救君主的短处与不足。湛甘泉对刘向的观点给予了高度的评价，他说：“陈善闭邪，敬之至也；归善不有，尊之至也。刘向之言，其知事君之道哉！”湛甘泉认为，作为称职的大臣，就应该“拾君失，搏君过，补君阙”，以正君之心。

（二）得人以辅，以守至正

《礼记·礼运》说：“宗祝在庙，三公在朝，三老在学。王，前巫而后史，卜筮瞽侑皆在左右，王中心无为也，以守至正。”湛甘泉对此进行了深度诠释，他说：

“宗祝在庙以赞礼也，三公在朝以论道也，三老在学以示教也，前设巫人以通鬼神也，后设史官以纪言动也，设卜筮以决吉凶也，设瞽侑以宣歌乐也，大而庙朝，小而左右，防非正人，所以养吾心之正也，王中心夫何为哉？守吾心之正而已矣。孔子曰‘无为而治者，其舜也欤？夫何为哉？恭己正南面而已’。夫人心本正也，而有不正者，人为害之也，得人以辅之而已，无所为焉，则心之本体正矣。”

这里提到的三公、三老、巫人、史官、卜筮、瞽侑都是君主身边的人，分别有不同的职责，他们都应该是正人君子。只有正人君子，才能养“吾心之正”。“人心本正”，但由于后天不良环境的影响，使得人心由正变得不正。作为君主，要在自己周围营造一个良好的环境，形成一个充满正能量的磁场，才能守住至正之心，即湛甘泉所说的“得人以辅之而已，无所为焉，则心之本体正矣”。

湛甘泉在其著作中对这个问题有十分丰富精彩的论述，也讲了不少经典故事，其中有正面的，也有负面的。由于篇幅的限制，下面我们引述其中的三个经典故事。

故事一：“藏罟不如置里革于侧”。

《格物通卷四十四·事君使臣中》引《鲁语·宣公》：

“夏，滥于泗渊，里革断其罟而弃之，曰：‘今鱼方别，孕不教鱼，长又行网罟，贪无艺也。’公闻之曰：‘吾过而里革匡我，不亦善乎？是良罟也，为我得法，使有司藏之，使吾无忘谂。’师存侍曰：‘藏罟不如置里革于侧之不忘也。’”

对于这个故事，湛甘泉评论道：“古之忠臣不从君之欲而引之于志仁，古之明君不徒从臣之言而贵于改过。鲁宣滥于泗渊，而里革断罟，公命藏之，则君明臣直两得之矣。使若置里革于侧，其所拾遗补过顾不多欤？有天下者，能师宣公无忘之心，必近忠直之臣，其为盛德大业可量也哉？！”

故事二：“无魏徵，太宗必忘其贫贱之时而侈富贵之欲”。

《格物通卷九十·省国费三》载：

“贞观十一年，帝幸洛阳至显仁宫，官吏以阙储偫有被谴者。魏徵谏曰：‘陛下以储偫谴官吏，臣恐承风相扇，异日民不聊生，殆非行幸之本意也。昔炀帝讽郡县献食，视其丰俭以为赏罚，故海内叛之，此陛下所亲见，奈何欲效之乎？’帝惊曰：‘非公，不闻此言。’因谓长孙无忌曰：‘朕昔过此，买饭而食，僦舍而宿，今供顿如此，岂得犹嫌不足乎？’”

魏徵是唐太宗的谏臣，一生中给唐太宗提了不少中肯的建议，并及时劝止唐太宗许多不当的行为，帮助唐太宗塑造理想的人性组合形态，引导唐太宗从长远的、全局的角度思考问题，化解了不少潜在的危机，贞观之治离不开魏徵的贡献。唐太宗亦将魏徵当作自己身心修养、治国理政的一面镜子。湛甘泉说："高而不危，所以长守贵也；满而不溢，所以长守富也。太宗于是乎几于危与溢矣。范祖禹云：'富而不忘贫则能保其富矣，贵而不忘贱则能保其贵矣。'向非魏徵之谏，则太宗必遂忘其贫贱之时而侈富贵之欲，何以保其有乎？《传》曰'不有君子，其能国乎'，魏徵之谓也。"

故事三："古国家之亡，由于奸邪"。

《格物通卷九十一·省国费四》载：

> "徽宗政和五年六月，作三山河桥。先是蔡京以孟昌龄为都水使者，凿大伾三山两河，创天成、圣功二桥，调征夫数十万，民不聊生，至是，毕工未几，水涨桥坏。"

对此，湛甘泉评论道："先王之政，岁十一月徒杠成，十二月舆梁成，不过因时而修之，以利民尔。至于三山二桥者，役夫数十万，非冗役害民者乎？自古国家之亡未有不由于奸邪，奸邪亡国之计未有不由于大兴作以肆游观，开边隙以邀事功，酷聚敛以夸富侈，如蔡京之为以蛊惑君心者尔，噫！明君能知奸邪之蠹国必远而去之，则公私不费而安富尊荣之福自臻矣。"

（三）人君以难受为药，以易入为毒

湛甘泉认为君主要以人正心，那就必须要心胸开阔，能听取不同的意见，特别是能听取与自己想法完全不同的意见，并虚心接受批评。《格物通卷四十五·事君使臣下》载：

> "国朝洪武十七年十一月乙丑，上御东阁，从容谓侍臣曰：'责难之辞，人所难受，明君受之，为无难；谄谀之语，人所易从，昏主信之，为易入。朕观唐虞君臣赓歌责难之际，气象雍容。后世以谄谀相欢，如陈后主江总辈，污秽简策，贻讥千古，此诚可为戒。'右春坊右赞善董伦对曰：'诚如陛下所谕，惟明主则能慎择之。'上曰：'责难易入于贤君，而谄谀难动乎明主，人臣以道事君，惟在守之以正，若患

得失，则无所不至矣。’”

上文中提到了两个核心概念：责难之辞与谄谀之语。一般来说，正直坦诚的人很难有谄谀之语，面对君主不当的言行，往往直截了当地提出批评与建议。心术不正的人则相反，在君主面前尽其吹捧之能事，满口谄谀之语。明君喜欢前者，昏君则喜欢后者。两者代表着不同的方向，产生完全不同的结果。湛甘泉指出：“《书》云：有言逆于汝心，必求诸道；有言巽于汝志，必求诸非道。责难者，逆心之言也，故难受；谄谀者，巽志之言也，故易入。贤明之君在审之而已矣。责难之言入，则天下防其福；谄谀之言入，则天下受其殃。故人君以难受为药，以易入为毒。人臣以责难为恭，以谄谀为贼，则君臣上下各尽其道而国治矣。”

“人君以难受为药，以易入为毒”是君主以人正心的一条铁律，因为使人难受的责难之辞可以引起自己反省，有利于修心治国；“易入”的谄谀之语会使自己的人性失去平衡，扰乱自己的心性，有害于修心治国。湛甘泉在其著作中记载了不少相关的故事，并对故事进行了评述。下面引述其中的三个故事及其评述。

故事一：“汉成帝不治槛以旌直臣”。

《格物通卷四十四·事君使臣中》载：

“汉成帝元延元年，槐里令朱云上书求见，公卿在前，云曰：‘今朝廷大臣，上不能匡主，下无以益民，皆尸位素餐，臣愿赐尚方斩马剑，斩佞臣一人头以厉其余。’上问：‘谁也？’对曰：‘安昌侯张禹。’上大怒曰：‘小臣居下，讪上廷，辱师傅，罪死不赦。’御史将云下，云攀殿槛，槛折。云呼曰：‘臣得下从龙逄、比干游于地下足矣。’御史遂将云去。左将军辛庆忌免冠叩头殿下曰：‘此臣素著狂直，使其言是不可诛，使其言非固当容之。’上意解，及后当治槛，上曰：‘勿易。’因而辑之，以旌直臣。”

朱云就是历史上所谓的“直臣”。“直臣”的特点是心里有什么就说什么，这些“直臣”对君主修心治国具有重要意义。因此湛甘泉说：“朱云位卑而言高，所以取罪，然其心实痛禹之邪佞，一时近臣无言者，故发愤如此，然其事上不欺之忠固出于廷臣之上矣。成帝始怒欲诛之，及悟，戒勿易槛以旌，其直可谓能补过者哉。”

故事二：“高允好切谏”。

《格物通卷八十九·省国费二》载：

“宋武帝大明二年二月，魏以高允为中书令，魏起太华殿。给事中郭善明性倾巧说，帝大起宫室。高允谏曰：‘太祖始建都邑，其所营立必因农隙，况建国已久，永安前殿足以朝会，西堂温室足以宴息，紫楼足以临望，纵有修广亦宜驯致，不可仓猝。今计所当役凡三万人，老弱供饷又当倍之，期半年可毕，一夫不耕或受之饥，况四万人之劳费可胜道乎？此陛下所宜留心也。’帝纳之。允好切谏，朝廷事有不便，允辄求见帝，常屏左右以待之，或自朝至暮，或连日不出，群臣莫知其所言语，或痛切帝所不忍闻，命左右扶出，然终善遇之。”

这个故事提到了两个人：高允、郭善明。高允“好切谏”，每次都能切中魏文成帝的要害，以至于“痛切帝所不忍闻，命左右扶出”。郭善明“性倾巧说”，迷惑君主。魏文成帝在郭善明的怂恿下，“大起宫室”，高允力陈利害，及时谏止。湛甘泉评论道：“魏文成一纳高允之谏而所省役四万人财费馈饷，称之为利不亦溥哉？！当是时南北瓜分，一时之君兴亡倏忽，若槿华之开落，独拓跋氏享国久长，盖其君类知用贤纳谏，省费足国故耳。”

故事三：“非玄素之谏，唐不免为隋”。

《格物通卷九十·省国费三》载：

“贞观四年六月乙卯，发卒脩洛阳宫以备巡幸。给事中张玄素上书谏，以为：‘洛阳未有巡幸之期而预脩宫室，非今日之急务。昔汉高祖纳娄敬之说，自洛阳迁长安，岂非洛阳之地不及关中之形胜邪？景帝用晁错之言而七国构祸。陛下今处突厥于中国，突厥之亲何如七国？

岂得不先为忧而宫室可遽兴、乘舆可轻动哉？臣见隋氏，初营宫室，近山无大木，皆致之远方，二千人曳一柱，以木为轮，则戛摩火出。乃铸铁为毂，行一二里铁毂辄破。别使数百人赍铁毂随而易之，尽日不过行二三十里，计一柱之费以用数十万工，则其余可知矣。陛下初平洛阳，凡隋氏宫室之宏侈者，皆令毁之，曾未十年复加营缮，何前日恶之而今日效之也？且以今日财力何如隋世？陛下役疮痍之人，袭亡隋之弊，恐又甚于炀帝矣。’上谓玄素曰：‘卿谓我不如炀帝何如桀纣？’对曰：‘若此役不息亦同归于乱尔。’上叹曰：‘吾思之不熟，乃至于是。’顾谓房玄龄曰：‘朕以洛阳土中，朝贡道均，意欲便民，故使营之，今玄素所言诚有理，宜即为之罢役，后日或以事至洛阳虽露居亦无伤也。’仍赐玄素彩二百匹。”

从上文可以看出，张玄素从四个方面对唐太宗进行了建设性批评：第一，没有确定去洛阳的日期而修洛阳宫，实“非今日之急务”。第二，如今面临突厥的严重威胁，首先要做的是加强边防，而不是兴建宫室。第三，隋朝建国之初就滥用民力、财力，大兴土木，结果导致灭亡，其教训就在眼前。第四，忘却初心，心已不正，有如隋炀帝。张玄素的批评惊醒了唐太宗，唐太宗随后停止了洛阳宫的修建。对此，湛甘泉评论道：“人主之于天下，系于一念敬肆之间尔。敬则恭俭，恭俭则土木狗马之念不生，财不伤而民安矣。肆则骄奢，骄奢则琼宫瑶室之心莫制，伤财而害民矣。太宗初毁隋氏之宏侈而不免躬自为之，岂非始敬而终肆邪？不然何一人之身而前后不同也？向非玄素之谏，唐不免为隋矣。”

张玄素的批评可谓“难受”的责难之辞，但对唐太宗修心治国起了极大的积极作用。正是由于魏徵、张玄素等一批人不断地向唐太宗提出“难受”的责难之辞，才成就了唐太宗的伟大，才成就了唐太宗时期的贞观之治。

四、学问为礼，以正危心

学问包括学与问。学即学习前人留下来的好的东西。问即向他人询问，倾听他人意见；同时也向自己询问，进行自我反省。学与问相辅相成。在学的过程中需要问，问有利于学。礼就是制度规范，“为礼”就是按照礼的规范进行思考、说话与行为。根据湛甘泉的观点，学问、“为礼”都有利于人们修身养性。作为君主（或组织的最高领导者）集权力、资源于一身，面对着各种各样的诱惑与吹捧，其心绪常被扰动，其人性非常容易失衡。学习前人留下的经验、教训，按照制度规范进行思考、说话与行为，倾听他人的意见，不断反省自己，就显得更加重要。因为如此，人性才可以达到平衡，“危心”才可以得正。

（一）学问的目的与方法

1. 学问的目的

（1）学为人

湛甘泉说：

> “古之学者，所以学为人也。……学为君臣，学为父子，学为夫妇、长幼、朋友之道，酬酢事物之理，凡人之所不能无者，如斯而已矣。此古人之所谓学也。昔者孔子学于文、武、周公，文、武、周公学于成汤，成汤学于禹，禹学于尧、舜，尧、舜学于三皇，三皇学于天地，故皆与天地相似。孟子曰：‘人皆可以为尧、舜。’荀子曰：‘途之人可以为禹。’”

通过分析，湛甘泉这段话有三个方面的含义：第一，学、问的目的就是为了做人，进一步说是为了做一个符合自己角色、职业与地位的人。第二，领导者是后天的，只有通过学与问，不断地提升自己，才能做一个合格的领导者。第三，做一个合格人，做一个合格的领导者，必须遏制自己的私欲，纯净自己的心灵，随处体认天理。而这些亦可以通过学、问来达成。因此，学、问具有塑造人性组合形态、心理结构与行为模式的作用。

（2）学问以管摄此心、发明此心

孟子说：“人有鸡犬放，则知求之；有放心，而不知求。学问之道无他，求其放心而已矣。”

对此，湛甘泉做了精彩的深度诠释，他说：

> “仁，人心；义，人路。孟子既重为不由不求者，哀矣。于此复致意于放心之求者，何哉？盖万事万变皆本于心，千圣千贤皆是心，学欲求放心非强制妄想能之也，在于学问耳。孔子曰：‘吾尝终日不食，终夜不寝，以思，无益，不如学也。’《中庸》‘学问思辨笃行’之事是也。故学问之道不过只为此心，求其放失者而已。人才学问，则有以管摄此心，发明此心，不求而复矣。所谓博学切问，仁在其中也。然而人君以一心而受众欲之攻，尤易以放，故尤当自力以求之。求之匪他，惟学问体认天理，存存于勿忘勿助之间。心存则仁存；仁存则义路以由矣。存心也者，其圣学之要乎。”

这里所谓的“放心”即丢弃的价值本心，具体而言就是仁、义、礼、智、勤、敬等之心。求“放心”即找回自己的价值本心。要找回此心，那就得学与问。人只要肯学肯问，“则有以管摄此心，发明此心，不求而复矣”。作为一国之君，“以一心而受众欲之攻”，尤其容易丢弃本心，更要加倍努力才能找回自己的本心。找回本心没有其他的方法，“惟学问体认天理”。湛甘泉在其著作列举了许多案例，并做了相应的分析与评论，下面引述其中的两个。

案例一：明太祖读《尚书·无逸》。

《格物通卷十二·儆戒四》载：

> “洪武二十八年十一月癸亥，侍臣进讲《尚书·无逸》篇。皇祖曰：自昔有国家者，未有不以勤而兴、以逸而废。勤与逸，理乱、盛衰攸系也。人君当常存惕厉，不可少怠，以图其终。成王之时，天下晏然，周公辅政乃作是书，反覆开谕，上自天命之精微，下至生民稼穑之艰难，以及闾里小民之怨诅，莫不具载。周公之爱君，先事而虑其意深矣，朕每读是篇，必反覆详味，求古人之用心。当令儒臣书于殿壁，朝

> 夕省阅，以为鉴戒。今日讲此深惟，朕心闻之愈警惕。”

明初与周初有三个共同的特点：第一，天下初定，百废待兴，人民需要休养生息。第二，取得天下的君主与群臣开始忘记初心，丢弃本心，变得懈怠，开始享受安逸的生活。第三，一些功臣世家开始欺压百姓，巧取豪夺，无恶不作。这些与人民的愿望背道而驰。

周公作《尚书・无逸》就是要从根本上解决这些问题，因此，湛甘泉对明太祖读《尚书・无逸》给予高度的肯定与评价，他说：“《无逸》一书，周公盖自其继日待旦、忧勤惕厉之心发之也，有是心则天理著见，失是心则人欲横流。天理著见，则天命归焉；人欲横流，则人心叛焉。此兴亡之所由决也。皇祖开国立极之余，因进讲《无逸》之书，探周公之心，深体警戒之义，甚盛心也。圣子神孙监于成宪，每于进讲之时，深存警惕，开心论难，一如圣祖之规，则启心沃心之学可致，而日不知其盛德大业之成矣。”

案例二：明太宗读《大学正心章讲义》。

《格物通卷二十・正心下》载：

> “永乐二年八月，翰林学士解缙等进呈《大学正心章讲义》。太宗览之，至再。谕缙等曰：‘人君诚不可有所好乐，一有好乐，泥而不返，则欲必胜理。若心能静虚，事来则应，事去如明镜止水，自然是天理。朕每退朝，默坐未尝不思管束此心为切要，又思为人君但于宫室车马服食玩好无所增加，则天下自然无事矣。’”

《大学》一文的主旨就是“明明德”，即发扬光大人性中的仁、义、礼、智、敬等，并将之转化为人心中的价值本体，强调修身、齐家、治国、平天下。翰林学士解缙等进呈《大学正心章讲义》，明太宗读了再读，因而有感而发。可见此文在塑造明太宗的人性组合形态与心理结构方面起了巨大的作用。对此，湛甘泉评论道：“心之本体无一物也，忿懥、恐惧、好乐、忧患四者皆私也，而有一焉，即失其本体而心不正矣。人君居崇高之位，好乐尤为害心，不可不深戒也。太宗文皇帝因解缙等讲《大学・正心章》而尤以好乐为戒，真可谓知正心之先务者矣，又以虚静应物比之镜水，自然天理，诚至论也。夫天理二字，千圣千贤之大头脑也，人君于心得其正时认取，则天理见矣，涵养而扩充之，则王道不外是矣。”

2. 学问的方法

（1）志于道

孔子说：“吾十有五而志于学。”湛甘泉诠释道：“学莫先于立志，而所志莫大乎道，志于学即志于道也。人之志道如木之有根然，株干花实皆与根一贯者也。”湛甘泉这里所说的道，就是天理。立志于学就是要立志于天理、天道，这是学问之本，是学问之根。关于学问与天理、天道的关系，湛甘泉在《泉翁大全集卷之三十一·文集·杂著·答问》有详细的分析与论述，该文载：

> “甘泉子反自交南，过兰溪，西安栾生惠子仁遇之，请学焉，往从于浙之浒。甘泉子问曰：‘子之学也，将为乡善人乎？将为圣人乎？’栾生默然久之，曰：‘固将为圣人也。’甘泉子曰：‘欲将为圣人也，必将求变化气质也。’栾生曰：‘有要乎？’曰：‘有。子欲问学，须学树木，先之以立根，次之以培灌。根不立，灌焉者死矣。根虽立，而不灌焉者死矣。是故君子敬以立其本，问学以滋其生，生则不息，不息则不可御，不可御则变，变则化。君子者以此盛德而生大业。孔子曰：“立则见其参于前也，在舆则见其倚于衡也。”其基之之类乎！《易》曰：“君子多识前言往行，以畜其德。”其灌之之类乎！内外夹持，上达天德，夫然后优入圣域。’”

湛甘泉这段话充分论述了学问与天理的关系：第一，学问必须以天理、天道为本、为根。第二，立本之后，即需要学问的灌溉与滋润。第三，不以天理、天道为本的学问将导致人心不正，人性严重失衡，行为严重失范；没有学问，天理、天道亦无法彰显，有如树之根得不到灌溉，必将枯死。

（2）君子有九思

孔子说：“君子有九思：视思明，听思聪，色思温，貌思恭，言思忠，事思敬，疑思问，忿思难，见得思义。”对此，湛甘泉进行了详细的诠释，他说：

“学之要在随处体认天理而已。体认者，心思之用也。故曰：‘思则睿，睿作圣。’孟子曰：‘思则得之’。苟于视、听、色、貌、言、事、疑、忿、见得，而各致其思焉，则《书》所谓虑善以动，动惟厥时，随处体认而天理见矣。夫事虽九，而思一也。一思之通乎九事，如土之通乎五行。《记》曰：‘聪明圣知达天德。’思之用广矣、大矣。”

学问之要领就是体认天理，“九思”就是随处、随事、随人体认天理的具体表现。视、听、色、貌、言、事、疑、忿、见得充斥着我们的空间与时间，构成一个个具体的事件，处理这些事件的过程就是一个学问的过程，要把事情处理好，那就得体认天理。

（3）毋意，毋必，毋固，毋我

《论语·子罕》载：“子绝四：毋意，毋必，毋固，毋我。”对此，湛甘泉做了深度诠释，他说：

“此圣门心学之要，门人记圣人之所以教人者，即子以四教之意也。夫心之本体无一物也，如天地之至公，有物则非本体矣。张载曰：‘四者有一焉，则与天地不相似。’四者在人，相为终始，有则俱有，无则俱无，惟圣人之心廓然大公，物来顺应，故无四者之病也。然此不曰无，而曰毋者，盖尝以禁止学者之辞也。学者诚能体认天理，不以己与物，克去四者之私，不为本体之累矣。故程颢曰：‘敬则无己，可克始，须绝四。’又曰：‘意、必、固、我既亡之后，必有事焉。’夫四者既亡，则天理自见，是谓有事。否则，虽强无之，且将失于空虚，流于异学，而何可以入道哉？此学者所当自究竟也。”

“毋意，毋必，毋固，毋我”就是在学问过程中，在为人处事的过程中，不要主观臆断，要尊重客观事实与客观规律；不要绝对肯定或绝对否定；不要固执己见，要听得进、容得了他人不同的观点与意见；不要以自我为中心，而要考虑他人的感受，要顾及其他生命甚至物类存在的权利、利益与价值。湛甘泉认为，这便是天理，是“圣门心学之要”。

（4）学者有四失，教者必知之

《礼记·学记》载：

> “学者有四失，教者必知之。人之学也，或失则多，或失则寡，或失则易，或失则止。此四者，心之莫同也，知其心，然后能救其失也。教也者，长善而救其失者也。”

学离不开教，即人的学习离不开他人（父母、老师、兄弟姐妹、同事、朋友）在知识上的传授与学习方法上的启迪与引导。在教的过程中，学习方法上的启迪与引导比知识传授更重要。学习者往往容易犯多、寡、易、止四种毛病。这四种毛病的根源在心，所以需要教者正确的启迪与引导，湛甘泉说：“学之不明也久矣，盖由其不识心尔。知心之病，斯能知心之本体矣。故知多、寡、易、止之失，则知不多、不寡、不易、不止而心正矣，是故有以用心于博闻强识之支离者，其失也多；有以不用心而径超顿悟者，其失也寡；有以粗心于百姓日用，其失也易；有以甘心于自暴自弃，其失也止。四失者，过与不及，皆非吾心本体之正也。是故古之教者，观病以知心，因心以救失，惟以长养其善念尔。盖善也者，吾心之天理也。学者苟知天理为本体而随处体认焉，则无过不及、勿忘勿助之间自有易简之道，而帝王心学之传在是矣。”

（二）为礼则理足以制欲

《礼记·哀公问》载：

> “公曰：‘今之君子胡莫行之也？’孔子曰：‘今之君子，好实无厌，淫德不倦，荒怠傲慢，固民是尽，午其众以伐有道，求得当欲，不以其所。昔之用民者由前，今之用民者由后。今之君子莫为礼也。’”

礼就是制度规范，对人的心灵、言语与行为都有指导与约束的功能。作为一国之君，集权力与资源于一身，更应自觉遵守制度规范，一切按制度规范办事，否则，其人性中的各种欲望就会极度扩张，人性失去平衡，心的本体就会迷失。湛甘泉说："夫礼也者，理也。为礼则理足以制欲，而好实、淫德、荒怠、午众之失自无耳。此孔子之所以警哀公者，至矣。厥后家臣作难而不能安其国，得非纵欲败礼之所致欤？使其因孔子之言而改弦易辙，则鲁固礼义之国，乌有不治也？乎吁！是固千古之大戒也，可畏哉。"

关于君主如何遵守制度规范以制约自己人性中的各种欲望，纯正自己的本心，湛甘泉的论述很多，由于篇幅所限，下面只引述部分内容并分两点叙述。

1. 君子以礼存心

孟子说：

> "君子之所以异于人者，以其存心也。君子以仁存心，以礼存心。"

孟子这段话的意思是，君子与常人不同的地方就是保持、纯正其本体之心。君子用仁爱、制度规范来克制自己人性中的各种欲望，保持、纯正其本体之心。仁爱与制度规范是天理的一体两面，是君主修身、齐家、治国、平天下的基础。所以，湛甘泉说："此孟子明君子所存之心示人以正心之学也。夫以仁礼存心，非谓取诸外以存之也。仁即是心之生理，礼即是心之天理。同是一理，苟能体认此理，而心存存，即无一念而非仁礼矣，此乃复吾心本体之正，非由外铄我也。我之心也，得其心则得仁礼矣，失其心，则失仁礼矣。此君子之所以异于人者，乃得人心之常尔，岂别有异于人哉？故君子之学在于体认天理而存，随感而见，施之爱人则为仁，施之敬人则为礼，本立而道自生矣。"

2. 古之君子必佩玉

《礼记·玉藻》载："古之君子必佩玉，右徵角，左宫羽，趋以采齐，行以肆夏，周旋中规，折旋中矩，进则揖之，退则扬之，然后玉锵鸣也。故君子在车则闻鸾和之声，行则鸣佩玉，是以非辟之心无自入也。"对此，湛甘泉诠释道：

“徵角，阳也，而右佩，阴中阳也。宫羽，阴也，而左佩，阳中阴也。皆玉也。路寝门外至应门谓之趋，路寝门内至堂谓之行。采齐、肆夏，诗名，歌之以节行也，规圆矩方也。鸾在衡，和在轼也。人心之不正多引于淫声，古之君子和鸾之设所以养于车也，佩玉之鸣所以养于行也。是故右徵角、左宫羽，阴阳之交所以养中和之德也。采齐、肆夏、规矩、揖扬所以养之于行节也。行中节也，然后玉锵鸣；玉锵鸣也，然后非心涤。非心之萌，自外感内者也。心之本体无不正也，触于外、感乎内，斯主之矣。入者主之也，非心体之本然也，故人君之心在养正而已矣。”

“人心之不正多引于淫声”指出了“古之君子必佩玉”的原因。“古之君子必佩玉”是一种制度与规范，这种制度与规范可以塑造人们的人性组合形态、心理结构与行为模式，就像我们今天的警察、军人、医生穿制服的作用一样。穿制服与不穿制服，人们的人性组合形态、心理结构与行为模式会存在差异，有时，这种差异会十分巨大。

第五章
国家安宁，必审几微

所谓的审，就是在心中反复思考、权衡。所谓的几，与机同义，机即是玄机、机关，是触发事物发生、发展的控制点或控制器，在这个控制点或控制器上，不同的选择会使事物朝着不同方向发展，决定事物的好与坏、善与恶、生与死、存与亡、荣与辱、强与弱、穷与达、贫与富、盛与衰。微，即是细微、细小。触发事物发生、发展的控制点或控制器往往十分细微，不引人注意。湛甘泉认为，治国理政，要想使国家永保安宁，必审几微。

根据湛甘泉的思想，审几微的内容主要有：念、事、物、人。

一、欲兴一念，必审善恶

念是行为与事件的起点，不同的念产生不同的行为与事件。念之善恶，决定了行为、事件的善恶，行为、事件的善恶决定了人民、国家、社会的存亡、安危、福祸。作为国家或组织的领导者，手中掌握着大量的资源，任何行为都会对国家或组织产生重大的影响，其念之善恶至关重要，念之善恶出于心的反复思虑与谋划。

（一）一念义、利，善、恶之几

湛甘泉说：

> “君子小人之善恶，其端始于一念之萌尔，一念义、利，此善、恶几也。喻者皆本其心之念虑而，言凡一念之正而无所为者天理，天理则义也，人知一念之正为是为义，则念念皆义，心与义一，是通晓乎义，是君子矣。凡一念之邪而有所为者皆人欲。人欲则利也。人知一念之邪为便为利，则念念皆利，心与利一，是通晓乎利，是小人矣。”

湛甘泉这段话说明了两点：第一，善与恶，君子与小人，就是一念之差。第二，一念善，则念念善；一念恶，则念念恶。念念相连，其形如环。正是因为如此，湛甘泉认为国家或组织的领导者必于“谨于善恶之几”，“谨于善恶之几”的行为也可通过学习“义利之辨”来习得与强化。

1. 人君必谨于善恶之几

《晋语》：“郭偃曰：‘……夫人美于中，必播于外，而越于民，民实戴之。恶亦如之。故行不可不慎也。’”湛甘泉对此诠释道：

> “言有美善于中心必播布于外，扬越于民，下民必或知其善否矣，夫诚中形外，一善一恶自有不可掩者……为人君者岂可不谨于善恶之几乎？！”

湛甘泉的意思是说，人君心地善良，必定体现在具体的行为与事件之中，为天下人民所感受、所知晓，就会获得天下人民的爱戴。善与恶是无法掩盖的，人民的眼睛与心灵是雪亮的。因此，湛甘泉说：“为人君者岂可不谨于善恶之几乎？！”

对此，湛甘泉进一步论述道：

> “几者动之微也，动之微何以有善恶也？人之心虚明中正，此其本体，非有善恶以为对者也，一念之动而正焉善也，一念之动而邪焉

恶也，方其始也，间不容发，及其成也，莫大之祸、滔天之恶皆由于此矣。故曰：差之毫厘，谬以千里，见之可不早乎夫？惟体认天理为能豫，养之于未发焉。”

根据湛甘泉的观点，从自然本体而言，心只是一个思维器官，作为思维器官，心的本质特征是“虚明中正”，无善无恶。但是，心一旦思维，即所谓动，便有了是与非、善与恶，决定是与非、善与恶的就是“想什么”及“如何想”，即所谓的念。一念恶则念念恶，一念善则念念善，最初只是“差之毫厘”，最后则“谬以千里”。所以，治国理政者必须要审善恶之几，将天理（天道）作为心的价值本体。湛甘泉举例说：“蹠天下之大恶人也，舜天下之大圣人也，非天之赋性尔殊也，判于一念邪正之间耳，正则善心生，邪则利心生。”

2. 人君学莫先于义利之辨

湛甘泉说：

“一念之义利非难辨也，一心邪正之间耳，苟能知其为义而充之，则凡可以福天下者无不至也。苟知其为利而充之，则凡可以祸天下者无不至也，而国家之废兴存亡见矣，故人君不可不学，学莫先于义利之辨。”

在上述这段话中，有一个关键字：知。此处之知就是所谓的良知。分辨一念是义还是利，并不难，关键在于良知。湛甘泉引陆九渊的话说：“念虑之不正，顷刻知之，即正；念虑之正者，顷刻忘之，即不正。夫反其不正以为正，岂人之所不能哉？弗知尔矣。”

知是我们的本能，良知则是知的价值取向，需要后天的挖掘与强化，挖掘与强化就需要学习。由于国家或组织的最高领导者的行为关系国家或组织的兴衰存亡，必须通过学习义利之辨来挖掘并强化其良知，所以，湛甘泉说：“人君不可不学，学莫先于义利之辨。”

学习义利之辨就要学正道与正学，湛甘泉认为：

“尧舜之道，正道也；孔孟之学，正学也。杨墨佛老苏张之说，邪说也。正者，天理之公，仁义是已。邪者，人欲之私，功利是已。天理、人欲之判，邪、正之分，初非甚相远也，萌于一念，中正与过不及之间耳。苟体认于二者之间，慎存乎中正之体，则正道明、邪道息而万化成矣。”

可见，尧舜之道是中正之道，孔孟之学是中正之学。中正就是无过、无不及，用现代的词语来表述就是平衡。过与不及均为私、为邪。中正是天理，湛甘泉主张体认天理，他说：“一念者邪正之几也，邪正者理欲之几也。君子之学在随处体认而已。干知太始，则正念恒见；坤作成物，则邪念不生。圣学之要尽于是矣，舜告禹曰：‘人心惟危，道心惟微，惟精惟一，允执厥中。’帝王相传治天下之法如是而已矣，为人君者其可不讲求之哉。”

（二）虑善以动，动惟厥时

“虑善以动，动惟厥时”出自《尚书·商书·说命中》。湛甘泉对此做了深度而精彩的诠释，他说：

“善当乎，理也；时时措之，宜也。傅说告高宗，言凡事当谋之于始，必念虑之善合于天理，然后动。虑者，心之思也；动者，思虑之萌达于事者也。虑善以动，慎动之功也。善，固可动，动以时，乃所谓善也。若动非其时，便是私意。程颐曰：发不以时，纷然无度，虽正亦邪，亦此意也。为人君者，可不谨动于念虑之善、使发当其时以及天下乎？”

湛甘泉这段话的意思是，做任何事情之前必须有周详的计划，即所谓的谋虑，做计划最基本、最核心的前提是天理。符合天理的计划才可称为“善”，但实行计划必须符合天时。要制订一个好的计划并在适当的时机推行，需要长时间酝酿，需要集众人之智。

1. 谋之虑之，求尽乎天理

《周易》讼卦的象辞说：“天与水违行，讼，君子以作事谋始。”对此，湛甘泉给出自己的诠释，他说：

> “天上水下，其行相违，相讼之象，作事谋始，所以止讼端也。张载曰：戏动作于谋也，谋而善则善，谋而不善则不善。不善则讼端启矣，谋始者何也？人心发虑之初也，吉凶善恶于是乎分，而讼不讼兆焉。故谋之虑之，求尽乎天理，而人心安矣，孰得而讼乎？人君事失其谋，天下讼之也，其可不谨始而虑终也耶。”

湛甘泉在此说明了三个问题：

第一，做任何事情之前必须制订符合天理的、周详的计划，即所谓的“谋始”，否则，就会引起矛盾、纷争与混乱。

第二，计划的主要内容是：做什么，为什么做，在何处做，在何时做，谁去做。其中，做什么与为什么做是第一位的，它决定了整个计划全部内容的合理性与合法性，即所谓的“人心发虑之初也，吉凶善恶于是乎分，而讼不讼兆焉”。“人心发虑”就是心动，“人心发虑之初”就是心动之几、之微。作为国家或组织的领导者必须谨审心动之几微。湛甘泉说：“人之吉凶生于动也。心之本体未有不善，动而后有善恶吉凶也，然而祸福无不自己求之者。人君于独知之地察其几微而，分别之，扩充其善念，遏绝其恶念，则治平之本于是乎立，而丰亨豫大之福于是臻矣。”

第三，“谋之虑之，求尽乎天理”，是指计划所有的内容与步骤都要符合天理。符合天理，人心就安，天下就定；否则，计划中充满人欲，人心就争，天下就乱。湛甘泉说：“道之得失，则天命人心之得失系焉，人君苟心存天理，主于忠信，以实心行实政，则有安富尊荣之福，此兢惕之所以兴也，心苟累于人欲，日以骄泰，则生于心，害于政，而有乱亡倾覆之祸。此骄侈之所以亡也。”

2. 久则虑之详

《周易》蛊卦的彖辞说：“先甲三日，后甲三日，终则有始，天行也。”对此，湛甘泉给出了自己的诠释，他说：

> “三日言久也，故斋以三日，丧敛以三日。先甲三日，后甲三日，并甲为七日矣。《书》曰：‘服念五六日，言甚久也，久则虑之详，而事无不善，治蛊之道审而人谋尽矣。’人谋非他也，尽乎天理之极致而无歉者也……人君之治蛊致其先甲后甲之谋，则何忧乎蛊之不可治哉？！”

这段话的意思是说，对事情进行谋虑、计划不能仓促，要花合理的时间，“久则虑之详”，即可以让计划、谋虑满足每一个细节。历史与现实证明，在治国理政的过程中，细节决定成败。一个违背天理的细节，对整个计划构成的伤害是致命的。

同时，对事情进行计划与谋虑时，需要广泛征求他人的意见，集众人之智，即所谓的“谋及乃心，谋及卿士，谋及庶人，谋及卜筮”。而这些工作也需要合理的时间才能完成。

3. 弗虑，胡获？弗为，胡成？

“弗虑，胡获？弗为，胡成？”出自《尚书·商书·太甲下》。湛甘泉对此进行深度而精彩的诠释，他说：

> “此亦伊尹告太甲之言也。虑，谋也。获，得也。言人不虑则何所得乎？欲其谨思之也。不为则何所成乎？欲其笃行之也。然思者行之主也。不思则不能行矣。故一人元良，万邦以贞。夫万国之正，本于人君之善；人君之善本于思。为故思者，万善之原圣、功之本也。为人君者可不加之意乎。”

湛甘泉的这段话论述了思（谋、虑、念）与行的关系：第一，无思则无行，无行则思落于空虚；第二，善思出善行，邪思出邪行；第三，作为一国之君，必须审自己所思、所念、所谋、所虑，不能出现任何邪思、邪念、邪虑，否则，就会给自己的国家、臣民带来无尽的灾难，最终导致国家的灭亡。

二、欲作一事，必审安危

《周易·系辞下》载：“子曰：‘危者，安其位者也；亡者，保其存者也；乱者，有其治者也。是故，君子安而不忘危，存而不忘亡，治而不忘乱，是以身安而国家可保也。’易曰：‘其亡其亡，系于苞桑。’”对此，湛甘泉给出了自己的诠释，他说：

“危者，以危为心也；亡者，以亡为心也；乱者，以乱为心也。非深忧过计也，所以存警戒也。警戒存而保存治安，警戒之所致也，人君于安存久治之日存危乱丧亡之戒，则骄奢淫欲不生，故君德脩而王政举矣，安富尊荣之福臻矣，有国家者宜慎之。”

根据《周易·系辞下》及湛甘泉的诠释，作为国家或组织的领导者，不管在什么时候、什么地点，做任何事情都应该有安危意识、存亡意识、治乱意识，即所谓的“审安危之几微”。“苞桑”，几微之意。“其亡其亡，系于苞桑”，即事物（人、国家、组织、制度）的灭亡源于几微，而人（包括组织或国家的领导者）的安危、存亡、治乱的意识，是几微之几微，是决定事物发生、发展的起点、核心与基础。

（一）人恒生于忧患，死于安乐

湛甘泉说：

“人恒生于忧患，死于安乐，何也？盖忧患则敬心生，安乐则怠心生。此死生之辨也。”

敬心、怠心，就是所谓的“苞桑”，即几微。敬心、怠心是两种完全不同的人性组合形态、心理模式，由此产生两种完全不同的行为模式，其结果必然是完全不同的。前者为生，后者为死；前者是安，后者是危；前者是治，后者是乱。因此，作为组织或国家的领导者做任何事情必须要深谋远虑，怀有警戒之心，保持俭约之德，吸取历史教训，时刻怀有危机意识。

1. 人无远虑，必有近忧

《春秋·庄公》载："十八年夏，公追戎于济西。"对此，湛甘泉给出自己的诠释，他说：

> "书追戎者何？讥无备也。何以讥无备，无远谋也。《书》曰：惟事事乃其有备，有备无患。济西，鲁地也。西戎，远戎也。鲁苟有备，预防戎，何为而至于此？未雨无彻桑之谋，居安乏思危之计，无惑乎？戎之入境而不知，已去而乃追。故曰：'无备也，无远谋也，而国已坐，受其弊矣。'然则为人君者，固当思患预防，为千百年之计然后可。"

组织或国家的领导者，事事、时时都要从长远的角度出发，进行战略考量与谋划，做到有备无患。

湛甘泉认为，组织或国家的领导者在进行远期战略规划时，必须以天理为基础，以天理为依据。孔子说："人无远虑，必有近忧。"对此，湛甘泉从天理的角度进行了诠释，他说：

> "虑者，谋也；忧者，患害也。远谋莫过于道，道无穷尽，以道存心，体认天理，则自一念之微以至四海之广，自一息之间以至千百年之远，皆道也。道无不善，善无不吉，何忧乎？反是，则未能贻四海之忧，而忧先及其身；未能致千百年之患，而患先见于瞬息之顷矣。世之人君观此，可不为寒心哉？夫惟笃于学，慎于动，则可以免矣。"

道，即天理，做任何事情都要以天理为基础，否则，事情还没有开始，就会招来祸害。所以，湛甘泉说："远谋莫过于道。"

2. 警戒无虞

《尚书·虞书·大禹谟》载："益曰：'吁！戒哉！儆戒无虞。罔失法度，罔游于逸，罔淫于乐，任贤勿贰，去邪勿疑，疑谋勿成，百志惟熙，罔违道以干百姓之誉，罔咈百姓以从己之欲，无怠无荒，四夷来王。’”对此，湛甘泉诠释道：

“此乃伯益广大禹克艰惠迪之谟于帝舜之前，罔失法度以下皆儆戒之意。……益言当四方无可虑之时，人心易懈，故当儆戒也。此时法度易至纵弛，故戒其罔失。此时逸乐易至纵恣，故戒其游淫。此时任贤易以小人间之，故戒其勿贰。此时去邪必不能果断，故戒其勿疑。此时图为或行其疑，故戒其勿成。凡若此者，则百虑熙明，方寸之间光辉明白，心正身修，义理昭著，而于违道、干誉、咈人、从欲之私皆能禁绝，朝夕戒惧，无怠于心，无荒于事，则治道益隆，四夷之远莫不归往矣，夫四夷之归由于无怠荒，无怠荒由于儆戒，其始起于一念之微，其效感化乎四夷之远，为人君者可不知所务乎？”

“当四方无可虑之时，人心易懈，故当儆戒也”是上述这段话的核心。人心，即是“苞桑”，事物的成败，国家的安危、存亡、治乱皆系于“苞桑”。人心懈怠是一种类型的“苞桑”，人心警戒则是另一种类型的“苞桑”。不同类型的“苞桑”产生不同类型的结果。“四方无可虑之时”，人民、各类组织的领导者、各级官员、国家的领导者都十分容易产生人心懈怠这种类型的“苞桑”，结果，导致国家有危机、动乱，甚至灭亡。所以，此时必须加倍警戒。

湛甘泉又说：

“乱常生于治。思患也者，患其乱之生于治，图之于无形也。防诸己者，嗜欲也；防诸人者，奸佞也；防诸外患者，寇敌也；防诸纪纲法度者，僭窃而废弛也。凡逾越于天理之外者，皆患也，皆豫防之也，身心为尤切矣。邵雍曰：‘防乎其防，邦家之昌，其永既济之盛于无穷也乎。’”

“思患”、“防”、“防乎其防”都是警戒的另一种表述方式。由于“乱常生于治”，所以在治平之时，一定要事事、时时“思患”，事事、时时“思防”。“思防”的内容有防自己、他人、外敌、纪纲法度。

作为组织或国家的领导者，自己则是“思防”的重中之重。因为治平之时，领导者在奸佞小人的影响下，更容易心生懈怠，私欲膨胀，骄傲自满。所以，湛甘泉说："《书》云：'贵不期骄，禄不期侈。'此处富贵者，所以不可不儆戒也。能儆戒则高而不危，满而不溢，然后富贵可保、社稷可安，而人民可和矣。为人君处富贵之极者可不戒乎？"

3. 慎乃俭德，惟怀永图

"慎乃俭德，惟怀永图"源自《尚书·商书·太甲上》。湛甘泉对这段话做了深度而精彩的诠释，他说：

> "慎者，谨也；俭德者，俭约之德也；永，长也；图，谋也。伊尹告太甲当谨其俭约之德，不可以欲败度，纵败礼。夫欲与纵皆奢侈，失之无长远之谋者。然以约失之者鲜矣，故不可不谨于俭约而怀长久之谋也。夫人君，一身万化之原，奢侈之心一萌，则将无所不至。此伊尹之所以告太甲必欲谨其俭德也。然常情奢侈皆因徒见目前之欲，而无长远之虑。有远虑者，自不容于不俭矣，故又继之曰：惟怀永图。后之人君不可不以伊尹之言为切己对病之药也。"

俭德与奢侈之心都是人性的构成部分。"慎乃俭德"与"奢侈之心一萌"是两种人性组合形态，也是两种心理状态，即所谓的两种类型的"苞桑"。存亡、成败、治乱、安危皆系于"苞桑"。根据湛甘泉的观点，俭德是天理，是道，而"远谋莫过于道"。因此，国家或组织的领导者，要使国家或组织得以长期的存在与发展，必须保持自己的"俭德"，让"俭德"彻底战胜"奢侈之心"。

"奢侈之心一萌"，便会产生"内作色荒，外作禽荒，甘酒、嗜音、峻宇、雕墙"等一系列相应的行为。湛甘泉对这些行为进行了解释："色荒，惑嬖宠也；禽荒，耽游畋也。荒者，迷乱之谓。甘、嗜，皆无厌也。峻，高大也。宇，栋宇也。雕，绘饰也。"并断言"六者有其一皆足以致灭亡也"。

4. 鉴善不如鉴恶

湛甘泉认为，组织或国家的领导者必须学习历史、了解历史，尤其要从历史上失败的案例中得到启示与教训，强化自己的警戒之心。他说：

“鉴善不如鉴恶，以其惩戒之心切也。鉴恶之心不切，则其为善之志不勇矣，故观其宫室则思峻雕之戒，观其台榭则思琼瑶之戒，然而不善者未之有也。《诗》曰：‘殷鉴不远，在夏后之世。’”

“鉴善”，即以历史上的正面人物为榜样，向这些正面人物学习，按照这些正面人物的行为模式办事。“鉴恶”，即以历史上的反面人物为反面教材，时刻提醒自己：自己与这些反面人物在人性构成要素方面是没有区别的，是一样的；要想保住自己的位置，就必须让自己人性中的天理（道）战胜人性中的各种欲望，使天理取得主导性或支配性地位，即使自己的“苞桑”区别于历史上反面人物的“苞桑”。从这个意义上来讲，“鉴善不如鉴恶”。为此，湛甘泉在其著作中讲了许多故事，下面引入其中的三个。

故事一：

“晋惠帝太安元年，侍中嵇绍上疏曰：‘存不忘亡，易之善戒也。臣愿陛下无忘金墉大司马，无忘颍上大将军，无忘黄桥，则祸乱之萌无由而兆矣。’”

故事二：

“唐太宗贞观十一年三月庚子，上宴洛阳宫西苑，泛积翠池。顾谓侍臣曰：‘炀帝作此宫苑，结怨于民，今悉为我有，正由宇文述、虞世基、裴蕴之徒内为谄谀，外蔽聪明故也，可不戒哉？’”

故事三：

“唐太宗贞观十一年，魏徵上疏曰：‘且以隋之府库、仓廪、户口、甲兵之盛，考之今日安得拟伦？然隋以富强动之而危，我以寡弱静之而安。安危之理皎然在目。昔隋之未乱也，自谓必无乱；其未亡也，自谓必无亡。故赋役无穷，征伐不息，以至祸将及身而尚未之寤也。夫鉴形莫如止水，鉴败莫如亡国。伏愿取鉴于隋，去奢从约，亲忠远佞，以当今之无事行畴昔之恭俭，则尽善尽美，固无得而称焉。夫取之实难，守之甚易，陛下能得其所难岂不能保其所易乎？’”

从上述三个故事来看，之所以“鉴善不如鉴恶”，是因为“鉴恶”更能击中人性中的要害，对组织或国家领导者不良的思想与行为具有巨大的警戒作用，失败、灭亡事实与教训对其心灵能产生巨大的冲击力。

5. **知危而危，危可使平**

《春秋左传·宣公》载：“八年，楚人灭舒蓼。”对此，湛甘泉给出了自己的诠释，他说：

“楚人灭舒蓼何以书？志警也！何警也？楚疆，舒蓼及滑汭盟吴越，将为中国忧也，夫中国不贵其无四夷之虞，惟患其无四夷之警。无四夷之虞者，弛德忘备，安而不安也。有四夷之警者，思患固封，危而不危也。知危而危者，危可使平；知安而安者，易可使倾。此舒蓼之灭。《春秋》书之以为经世者之一警云。”

湛甘泉上述这段话论述了两个问题：第一，对于一个国家或组织来说，不贵无虞，惟患无警。因为，无虞必定会导致“弛德忘备，安而不安”；有警则会“思患固封，危而不危”。第二，在无虞之时要明白危机之所在，时时、事事怀有警戒之心，将危机化解于无形，如此则可保国家长治久安；否则，危机就会在无虞之时播下种子，这些危机的种子会在合适的时机发芽、生根、成长，最终无法收拾。“其亡其亡，系于苞桑”即是此意。所以，楚庄王说：“明主有三惧，一曰处尊位而恐不闻其过，二曰得意而恐骄，三曰闻至言而恐不能行。”唐太宗在贞观十五年（641）说：“朕有二喜一惧，比年丰稔，长安斗粟直三四钱，一喜也；北寇久服，边鄙无虞，二喜也。治安则骄侈易生，骄侈则危亡立至，此一惧也。”

下面这个案例可以从另一个角度说明“知危而危，危可使平”。

“（唐）敬宗宝历二年三月，罢修东都。上自即位以来，欲幸东都，宰相及朝臣谏者甚众，上皆不听，决意必行，已令度支员外郎卢贞按视脩东都宫阙及道中行宫。裴度从容言于上曰：‘国家本设两都以备巡幸，自多难以来，兹事遂废，今宫阙营垒百司廨舍率已荒弛，陛下傥欲行幸，宜命有司岁月间徐加完葺，然后可往。’上曰：‘从来言事者皆云不当往，如卿所言不往亦可。’会朱克融、王庭凑皆请以兵匠助脩东都。三月丁亥，敕以脩东都烦扰，罢之。”

在这个案例中，唐敬宗修东都存在一个巨大的危险：伤财害民以启民变。但唐敬宗并没有意识到，所以拒绝大臣的进谏，直到“朱克融、王庭凑皆请以兵匠助脩东都”，另一个巨大的潜在危险——“幽镇之称兵”的出现，唐敬宗才意识到事态的严重性而“罢修东都”。

对于这个案例，湛甘泉给出自己的诠释，他说：“脩东都烦扰，此义理之说，群臣之所已言也。朱克融、王庭凑请以兵匠助修，此祸福之衅，事机之所已动者也。史言脩东都之役非以群臣论谏而罢，特畏幽镇之称兵而罢尔。臣谓是未得尽其情也。夫义理之心，人孰无之？言之不悟者，必有所蔽尔，及夫祸患之机警发而通之，则沛然矣。”

（二）图难于易，为大于细

《格物通卷二·诚意格·审几下》载：“唐太宗贞观六年，上谓侍臣曰：‘朕比来决事或不能皆如律令，公辈以为事小，不复执奏。夫事无不由小而致大，此乃危亡之端也。昔关龙逢忠谏而死，朕每痛之炀帝骄暴而亡，公辈所亲见也。公辈常宜为朕思炀帝之亡，朕常为公辈念关龙逢之死，何患君臣不相保乎？’”湛甘泉对唐太宗所说的这段话给予了高度的评价，他说：

“太宗之言，其知几乎！《易》曰：几者动之微，吉凶之先见者也。古之善治者，图难于其易，为大于其细……故炀帝之亡，几之兆于身也；龙逢之死，几之兆于君也，君不自知而灭其身，臣不及防君之微而死于忠谏，无补也。宜太宗以此自警而警其臣，可谓至矣。虽然，几之动于事者，臣得而谏止之也。几之萌于一念者，非臣之知也，君能自察尔，人君可不谨欤。”

从唐太宗的话及湛甘泉的评述来看，唐太宗是一个善审事物之几微的君主，对“事无不由小而致大，此乃危亡之端”有十分深刻的理解，对自己近来决策、办事违背法律制度，大臣们认为事小而不谏止深感不安。湛甘泉认为，善于治理国家的人，应“图难于其易，为大于其细”。易与细，都是事物的起点与基础，好与坏、成与败、治与乱、安与危、存与亡都源于易与细，即所谓的“苞桑”。关龙逢之死、隋炀帝之亡便是活生生的案例。因此，湛甘泉主张组织或国家的领导者在做任何事情时都要审难易、审是非。

1. 君以为易，其难将至

《格物通卷一·诚意格·审几上》载：“晋文公问于郭偃曰：‘始也吾以国为易，今也难。’对曰：‘君以为易，其难也将至矣；君以为难，其易也将至矣。’”对此，湛甘泉诠释道：

“以为易则轻忽之心生，故其难将至；以为难，则兢业之心生，故其易将至。难易之势系乎敬怠之间，为人君者可以知安危之防矣。”

湛甘泉这里提到了“轻忽之心”与“兢业之心”。“兢业之心”亦可称为“敬心”，“轻忽之心”亦可称为“怠心”、“易心”。一个人做任何事情，如果认为事情容易，就会产生“轻忽之心”；如果认为事情有难度，就会产生“兢业之心”。有了“轻忽之心”，一个人做事情就不会事前认真考虑，不会制订详细周密的计划，结果，做起事情来就会困难重重，混乱不堪。相反，如果有了“兢业之心”，一个人做事情就会事前认真考虑，制订详细周密的计划，结果，做起事情来就十分顺利。湛甘泉说：“有知难之心则不难矣，所谓图难于其易也。”

对任何一个人来说，“敬心”与“易心”同时存在，此消彼长，此长彼消。作为组织或国家的领导者，其任何行为都会产生巨大而深远的影响。因此，在做任何决策、采取任何行动之前，必须谨慎地审辨自己内在的“敬心”与“易心”，使“敬心”战胜“易心”。湛甘泉说：“古之圣王不以天位为易居，而必求尽乎君道，故能使四方风动，万国咸宁，可不儆戒哉？否则，易心乘之，天理已失，荒淫暴虐将无所不至，几何而不至于丧邦也哉？”

2. 小者大之渐，微者著之萌

唐德宗时，公主造塔，有大臣出面反对，德宗认为造塔役费微小，不是宰臣所应关心的事，对此，陆贽上奏说：

“上以造塔役费微小，非宰臣所论之事。下臣愚戆，窃谓不然。当论理之是非，岂论事之大小，若造塔为是，役虽大而作之，何伤？若造塔为非，费虽小，而言者何罪？夫小者大之渐，微者着之萌，故君子慎初，圣人存戒，知几者所贵乎不远而复制理者，必在于未乱之前。本立，辅臣置之左右，朝夕纳诲意，在防微而弼之，乃其职也。防防不遏，终变桑田，焰焰靡除，即燎原野。流煽已甚，祸灾已成，虽欲救之，固无及矣。《书》曰：‘不矜细行，终累大德。’《易》曰：‘小人以小善为无益而不为也，以小恶为无伤而不去也，故恶积而不可掩，罪大而不可解。’然则小之不可不慎也，如此，陛下安得使之勿论乎？”

陆贽的奏议论述了三个问题：第一，遇到事情，首先要理论的是事情的是与非、善与恶、丑与美，而不是事的大与小、多与少。如果事情是一件好事、善事、美事，即使是一件小事也要做，因为众多的小的好事、善事、美事可以积累成一件大的好事、善事与美事。如果事情是一件错事、恶事、丑事，即使是一件很小的事，花费很少的钱财，对他人或国家构成不了什么伤害，这样的事也不能做，因为，大的错事、恶事、丑事就是由小的错事、恶事、丑事发展而来。第二，分辨是与非、善与恶、丑与美是治国理政的根本，这一根本一旦确立，大臣、百官根据自己的职责议论朝政之得失乃是他们的权利与义务。第三，小的错事、恶事、丑事不阻止其发生与发展，等发展成大的错事、恶事、丑事再来阻止就为时已晚了。所以，湛甘泉评论道：“德宗以造塔为微小而责姜公辅以过言，可谓昧于几事者矣。夫人主当以虚心而察天下之几。几不在大而在小，不在显而在微。微小之不谨，则将显大而不可遏。且不忍其区区公主之小爱以至为之造塔，一念既萌，一令既出，靡费万金，剥虐万姓，得罪万方，贻讥万世，岂微小云乎？”

三、欲取一物，必审祸福

人与物的关系就是主与客的关系，亦称我与他的关系。人离不开物，但人不能受制于物，不能沉溺于物之中。对于组织或国家的领导者来说更是如此，因为，物可以给人带来福，也可以给人带来灾祸，所以，领导者欲取一物，必审祸福。

关于祸与福的关系，湛甘泉说：

> “天人有交胜之理，祸福有倚伏之机。何也？其所由来者渐矣，不知其萌而谨之，则福将日替而祸将日炽矣，可不畏也？惟能反之于心而乾乾以终日，则人可胜天，祸可使福。祸福无门，惟人所召。……惟明主独观祸福之原而谨之于豫可也。”

根据湛甘泉的观点，祸福互相依存、互相转化。祸中存福，福中存祸；祸从福中发育、发展；福从祸中发育、发展。取得一件自己喜欢的物品，本是一件幸福之事，但祸也会随着该物品的到来而到来。聪明的组织或国家领导者充分理解并明白这个道理，会及时采取相应的对策，化灾祸于无形之中。愚蠢的领导者则反之。

（一）祸福无不自己求

《周易·履·上九》载：“视履考祥，其旋元吉。”对此，湛甘泉给出自己的诠释，他说：

> “上者履之，终九，以刚明之才处之，故能自考于其终，视其所履，行以考其祥、不祥，而善、恶、祸、福之分数见矣。盖祸福无不自己求之者，祥生于所履之善，考祥非徼福也，以自考也，审视其所履者果天理邪？

人欲邪？善邪？私邪？私则不祥生焉，善则周旋无亏。吉孰大焉，人君履天下之事随处体认天理，其履而皆善，则天下治矣，岂非所谓元吉哉。”

“祸福无不自己求之”是上述这段话的核心。一个人所做之事、所取之物符合天理，就会得福；反之，就会招来灾祸。作为组织或国家的领导者，必须随时、随地、随事体认天理，才不会招致祸乱与灭亡。下面举几个案例以资说明。

1. 晋献公宠姬起而致乱

《国语·晋语》载："史苏朝，告大夫曰：'……伐木不自其本，必复生；塞水不自其源，必复流；灭祸不自其基，必复乱。'"对此，湛甘泉解释道：

“史苏，晋大夫占卜之史也；基，根本也。夫天下之事皆起于几微，君子不可不早见其几也。献公伐骊戎灭其子，而宠其姬起，百姓以自封，祸将长矣。史苏伐木塞水之喻可谓先见其几矣，人君明于先见之几而绝其未萌之祸，则国家岂至于危乱也哉？”

姬起，是晋献公想要的敌国美女。晋献公得而宠之，对他来说是一件幸事，但祸乱也相伴而生。历史上因得一美人而丧国的君主有不少。

2. 卫懿公好鹤丧国

《贾谊新书》载："卫懿公好鹤，鹤有饰以文绣而乘轩者，赋敛繁多而不顾其民，翟寇遂入，卫君奔死，遂丧其国。"对此，湛甘泉评述道：

“卫君奔死丧国不在于奔亡之时，而在于赋敛繁多之日。赋敛繁多不在于赋敛之日，而在好鹤乘轩之前。《书》曰：'玩人丧德，玩物丧志。'德志皆丧，则重微物轻人民，厚敛以供禽兽，则民怨日生，盗寇日至，此乱亡之道也，可不戒哉。”

“玩人丧德，玩物丧志”是这段话的核心。晋献公是“玩人丧德”，卫懿公则是“德志皆丧”。一个人丧德、丧志，其行为就会与天理不符，就会招致灾祸。

（二）明太祖拒受淫巧之物

明太祖朱元璋深知“玩人丧德，玩物丧志”的道理，多次拒受并毁损淫巧之物，下面是其中两个典型的案例。

案例一：明太祖毁水精刻漏。

《格物通卷八十·抑浮末下》载：

“司天监进元主所制水精刻漏，备极机巧，中设二木偶人，能按时自击钲鼓，上览之，谓侍臣曰：‘废万机之务而用心于此，所谓作无益害有益也，使移此心以治天下，岂至灭亡？’命左右碎之。”

湛甘泉对朱元璋的行为给予了高度的评价，他说：“《书》云：不作无益害有益，功乃成；不贵异物贱用物，民乃足。元主昧此而废，我皇祖达此而兴，兴废之间，在一念俭侈之微尔。夫更漏以审时刻，固为政者之不可无也。元主制以水精，设以木偶，能按时自击钲鼓，则其异而无益，伤功害民，孰甚焉。皇祖疾其用心之侈，至命碎之，其杜奢示朴之意至矣。圣子神孙能致谨于心术之微而不役于耳目之好，则功成民足，永保丕绪，而前元之侈靡徒为覆辙尔。”

案例二：明太祖毁镂金床。

《格物通卷十二·诚意格·儆戒四》载：

“甲辰三月，江西行省以陈友谅镂金床进太祖皇帝，观之，谓侍臣曰：‘此与孟昶七宝溺器何异？以一床工巧若此，其余可知陈氏父子穷奢极靡，焉得不亡？’即命毁之。侍臣曰：‘未富而骄，未贵而侈，此所以取败。’太祖曰：‘既富，岂可骄乎？既贵，岂可侈乎？人有骄侈之心，虽富贵岂能保乎？处富贵者，正当抑奢侈、宏俭约、戒嗜欲以厌众心，况穷天下之技巧以为一己之奉乎？其致亡也宜矣。然此亦足以示戒，覆车之辙不可蹈也。’”

“人有骄侈之心，虽富贵岂能保乎？”这句话是上述这段话的核心。骄侈之心就是导致失败的几微，即所谓的“苞桑”。湛甘泉说：“骄侈之心，纵欲之萌，危亡之道也。大夫而骄侈则失其家，诸侯而骄侈则失其国，天子而骄侈则失其天下，不可不防之于其始也。我太祖高皇帝因陈氏镂金之床而有骄侈覆辙之戒，盖有以先见其几矣。”

四、欲用一人，必审治乱

《尚书·周书·秦誓》载：“邦之杌陧，曰由一人；邦之荣怀，亦尚一人之庆。”对此，湛甘泉解释道：

> “此秦穆公悔用孟明而誓众之言也。杌陧，不安也。怀，安也。言国之危殆不安系于所任一人之非，国之尊荣安富系于所任一人之是。夫所任之是非一人耳，似无足为邦之安危也，殊不知一贤进则众贤以类，而一邪入则众邪以类。”

从湛甘泉的解释可以得出：第一，国家的治乱在于用人，国家会因一人而危殆不安，也会因一人而尊荣安富。第二，不同类型的人会以类相聚，从而形成不同类型的心理情感能量场。启用一个人实际上就是启动一个心理情感能量场，从而形成相应的政治生态。“一贤进”与“一邪入”所产生的结果完全不同。所以，湛甘泉说：“人君之道在奉天以致治，致治之要在用人而已矣。帝舜所以无为而治者，有人以任之耳。”又说：“人君欲成德以下布于民者，可不谨于用人乎？”

（一）勿以憸人，其惟吉士

“勿以憸人，其惟吉士”源于《尚书·周书·立政》，该文道：“继自今立政，其勿以憸人，其惟吉士，用劢相我国家。”对此，湛甘泉进行了深度诠释，他说：

“此周公诫成王以任用贤才之道也。……如何为憸人？观其人，举动轻浮，有沾沾便捷之状者，即其人也。如何为吉人？观其人，容止可观、进退可度而厚重平易者，即其人也。一则罔显在世，一则劢相国家。一举措之间而兴亡之兆已决矣，可不谨乎？”

“勿以憸人，其惟吉士”是治理国家（或组织）的用人之道或原则。“憸人”与“吉士”是两类不同的人，其心理结构与行为模式具有不同的特征，能产生不同的心理情感能量场，形成不同的政治生态。

刘向在《说苑》中把这两类人的心理结构与行为模式分别描述为“六正”和“六邪”，他说：“人臣之行有六正、六邪。行六正则荣，犯六邪则辱。荣辱者，祸福之门也。贤臣处六正之道，不行六邪之术，故上安而下治，生则见乐，死则见思。”湛甘泉对“六正”和“六邪”进行详细的解释，他说：

“六正者，曰圣、曰良、曰忠、曰智、曰贞、曰直，善虽不同，同归于治也。六邪者，曰具、曰谀、曰奸、曰防、曰贼、曰亡国，恶虽不同，同归于乱也。故与治同道罔不兴，与乱同事罔不亡矣。君子小人分而治忽见矣，则何以辨之？曰：自君心好恶始。故人君之心能公则明，明则邪正不混矣。故臣之事君，当正其术；君之取臣，当正其心。”

具有“六正”之一便是君子，即所谓的“吉士”；具有“六邪”之一便是小人，即所谓的“憸人”。湛甘泉认为，用“憸人”则国家危殆，用“吉士”则国家荣安。用“憸人”还是用“吉士”在于最高统治者一念之间，即所谓的“几微”（或称“苞桑”）。

《尚书·商书·说命中》载：“官不及私昵，惟其能；爵罔及恶德，惟其贤。”对此，湛甘泉进行了深度诠释，他说：

“此傅说告高宗之言也。官者，六卿百执事也。爵者，公卿大夫也。官非才能不能理，故曰能；爵非有德无以称，故曰贤。所用而惟贤惟能则治矣，所用而私昵恶德则乱矣。是故治乱由人而生者也，人君欲拨乱图治者，必审于用舍之际哉。”

湛甘泉在此说明了三个问题：第一，任何人都有血亲，都有亲密的朋友，即与自己关系特别亲近、特别好的人，这些人就是“私昵”。私与公相对，它们是我们每一个人生活的两个世界，即个体的私人世界与大众的公共世界。第二，作为国家（组织）的领导者，必须严格区分个体私人世界与公共世界：“私昵”属于个体的私人世界的人，官、爵属于公共世界的资源。作为国家（组织）的领导者不能将个体私人世界的东西带入公共世界，混入公共生活；也不能将公共世界的东西带入私人世界，混入私人生活；更不能让私人世界的人凭着私人关系而不凭着德与才取得公共世界的官、爵等稀缺而宝贵的资源。第三，正是基于上述两点，任官必须以才、以贤，授爵必须以功、以德。否则，国家就会陷入危乱之中。

公私之别便是所谓的“几微”，便是“苞桑”。所以，湛甘泉又说：“伏惟皇上于公卿大臣慎择其人，有德望者居之，至如外则锦衣卫、内则衣服食御之司、左右近侍之人，必择诚实谨厚老成者用之，则内外夹持，涵养君德、辅成王道，有不难矣。”至于其中的道理，湛甘泉说：“夫三宅大臣所以赞防治道国家倚为休戚，诚不可不得其人矣；若缀衣、虎贲乃左右奔走之役，周公乃慎重之至，与三宅之官并称焉，何也？盖人主朝夕与居，而气体之习染，心术之转移常必由之，故曰：仆臣正厥后克正，仆臣谀厥后自圣，所系岂小小哉！”

（二）大相不得其人，天地失宜、国家丧乱

在用人之中，大臣的选择与任用至关重要，其中宰相是大臣中最重要的一员，也往往是大臣的代名词。《贾谊新书》说：“大相上承大义而启治道，总百官之要，调天地之宜，正身行、广教化、修礼乐以美风俗，兼领而和一之以合治安，故天下失宜、国家不治则大相之任也。”这段话充分说明了宰相的重要性，湛甘泉说：

“天下一人而已，天子是也；天子下一人而已，大相是也。大相得

其人，则天地宜、国家治。大相不得其人，则天地失宜、国家丧乱。是故大相不可以不择也，为人君者其鉴于此哉。”

根据湛甘泉的观点，宰相（大相）一人之下，万人之上，权力之大，控制的资源之多可想而知。因此，宰相的选择与任用关乎国家的治乱。

《格物通卷七十·任相中》记载了这样一个故事：

“唐太宗贞观三年二月，上谓房玄龄、杜如晦曰：‘公为仆射，当广求贤人，随才授任，此宰相之职也。比闻听受辞讼，日不给暇，安能助朕求贤乎？’因敕尚书细务属左右丞，惟大事应奏者乃关仆射台阁，规模皆二人所定，二人深相得同心徇国，故唐世称贤相推房杜焉。”

对于这个故事，湛甘泉评述道：“统百官、均四海，以人事君，此宰相之职也。听受辞讼，一狱吏之事耳，岂为相之道哉？！唐太宗以是语房杜可谓知相体矣。夫宰相之职非但用人也，论道燮理固其职矣。”

根据这个故事及湛甘泉的评述，可知宰相主要有两个职责：一个是“论道燮理”，另一个就是为国家选用人才。

1. 惟大人能格君心之非

所谓的“论道燮理”，就是给君主讲授天理，“格君心之非”，以成君之德、辅君之行，以和天地之阴阳。

《尚书·商书·说命上》载：“爰立作相，王置诸其左右。命之曰：朝夕纳诲，以辅台德。”对此，湛甘泉进行了深度而精彩的诠释，他说：

“此商高宗命傅说为相之事也。爰，于也。左右，言常相亲近也。台，我也。史臣记高宗以梦得说之后，审知其贤，于是立之为相，又常置诸王之左右而亲炙之，盖欲近其人以学也，乃命之以朝夕纳诲，无时不进善言以辅其德，可谓知所本矣。臣谓德者，吾心之理也。人人同此心，人人同此理，况人君聪明出众者乎？但为众欲之攻，比之匪人，故德日坏。若与善人居，则或因事纳忠，或应时谏正，所以涵养气质，熏陶德性，其功至大。盖人君天下之本，而君心又人君之本，君心正则万几不足理矣。孟子曰：人不足与适也，政不足间也，惟大人为能格君心之非。高宗命说纳诲，不曰规过，而曰辅德，真所谓知所本哉。”

这段话的中心思想是“惟大人为能格君心之非”。这里的格与革同义，即去除。根据湛甘泉的观点，天理自在于人心，各种欲望也自在人心。天理与各种欲望应保持相对平衡，平衡即是一种天理。但是，人君（组织或国家的最高领导者）拥有无限的权力，其人性中的天理“为众欲之攻”，再加上“比之匪人”，则“德日坏”。也就是说，任何一位君主，都是潜在的魔鬼，也是潜在的天使。如何让君主抑制自已的魔性？湛甘泉认为，那就得选择、任用一位好人，即所谓的“大人”来做宰相，他说“若与善人居，则或因事纳忠，或应时谏正，所以涵养气质，熏陶德性，其功至大”。

2. 推贤让能

推贤让能就是为国家选用人才。《尚书·周书·周官》载：“推贤让能，庶官乃和，不和政厖。举能其官，惟尔之能。称匪其人，惟尔不任。”对此，湛甘泉进行了深度而精彩的诠释，他说：

“此成王戒卿士以人事君之道也。……大臣推贤让能，推让之心乃公心也。以公感公，公同则和，此庶官所以乃和也。大臣妒贤疾能，妒疾之心乃私心也。以私召私，私异则乖，此庶官所以不和也。庶官不和，乖戾之萌生于心，发于政，害于事，故政必杂乱而不纯矣。然其公、其私、其和、其乖、其理、其乱，皆大臣自己分内事也。故所举之人能修其官，是亦尔公，和气之所致也，故曰：‘惟尔之能，举非其人，亦尔私心，乖气之所致也。’故曰：‘惟尔不胜其任。’古者大臣与物同体，以人事君，其责如此，虽然为人君欲知大臣之贤否者，又当以此例观之可也。”

湛甘泉在此说明了三个问题：第一，大臣的重要职责之一就是向君主推荐有德有才之人，这是大臣特别是宰相应有的“公心”。如果大臣特别是宰相嫉贤妒能，则心存私念。第二，公心与私念是两种完全相反的心理情感能量。“以公感公，公同则和”，众官“乃和”，即形成一个良好的心理情感能量场，产生一个良好的政治生态；“以私召私，私异则乖”，众官则“不和”，即形成一个不良的心理情感能量场，产生一个不良的政治生态。第三，有良好的心理情感能量场、良好的政治生态，则国家大治，人民幸福，否则，国家、社会就会处于混乱之中。

所以，湛甘泉说，国家“盛衰系于君相一心之公私，其几尤微也”，又说：“故古之贤相必先正己以格君心之非，君心正则公而明，真知君子之可亲，则不得不进；真知小人之可远，则不得不退，故定天下之大几者，必先正其本，岂可以强为之哉？”

第六章

发展经济，民富国安

湛甘泉长期从事行政管理工作，这使他深刻体会到发展经济的重要性，并形成了自己完整的经济思想体系。身处传统的农业社会，湛甘泉继承并发展了中国传统的农本思想，认为经世济民，必须以农为本。但明朝的工商业已经有了很大的发展，在国民经济生活中扮演着十分重要的角色，因此，他在主张重农的同时，亦主张有序、合理地发展手工业与商业，重视并保护手工业者与商人的合法、合理的权益。为了发展经济与维护国家的政治稳定，他主张发展漕运，同时以海运作为补充。湛甘泉认为只有民富，才能国安，因此，他主张轻徭薄赋，藏富于民。

一、经世济民，以农为本

湛甘泉认为，经世济民，当以农为本。虽然从湛甘泉著作中的历史资料来看，自唐以来，中国的工商业已经十分发达，出现大批的城镇，但是，由于没有近现代工业技术与交通的支撑，这种工商业不具有持续发展的潜质，无法取代农业在国民经济中的地位，农业仍然是国家与社会的根本，重农思想仍具有历史的合理性与合法性。

（一）农用不兴，百事废

《国语·周语》载：

> “虢文公曰：‘民之大事在农，上帝之粢盛于是乎出，民之蕃庶于是乎生，事之供给于是乎在，和协辑睦于是乎兴，财用蕃殖于是乎始，敦厖纯固于是乎成。’”

上述这段文字中提到了对上帝的祭祀、人民的生活与繁育、战争、外交、积蓄、化民安民六件大事，每一件大事都离不开农业生产。所以湛甘泉说：“数者皆取给于农。农用不兴，百事废矣。”湛甘泉认为，要兴农重农，国家就必须采取一系列措施以鼓励人们从事农业生产。

1. 蠲租劝农事，劝农重国本

所谓的蠲租，就是国家采取措施减轻农民的租税。《格物通卷九十四·蠲租》载：

> “汉文帝二年九月，诏曰：‘农者天下之大本也，民所恃以生也，而民或不务本而事末，故生不遂。今兹亲率群臣农以劝之，其赐天下民今年田租之半。’”

湛甘泉对此评论道：“蠲租所以劝农事也，劝农所以重国本也。”他又说：“农之依田，犹鱼之依水、木之依土。鱼无水则死，木无土则枯，民非稼穑则无以生也。……周公谓四民之事，惟稼穑最为劳苦。”正是因为“惟稼穑最为劳苦”，农民就容易离开农业生产而从事其他行业，蠲租就是鼓励农民积极从事农业生产。农业是国家之根本，“衣食足然后礼义兴”，礼义兴而后国家治、天下平。

2. 惩罚“讳灾饰穰”的官吏

自利是人性的构成要素之一。中国历代都有为数不少的官员为了自己的利益弄虚作假，损害人民的利益。《格物通卷九十四·蠲租》载：

“汉殇帝延平元年秋七月，诏司隶校尉部刺史曰：‘间者，郡国或有水灾，妨害秋稼，朝廷惟咎，忧惶悼惧，而郡国欲获丰穰虚饰之誉，遂覆蔽灾害。自今以后将纠其，罚二千石长吏其各实核所伤害，为除田租刍槁。’”

“欲获丰穰虚饰之誉”是各级官员弄虚作假的动力。为了免受惩罚，保住官位或向上升迁，官员们会夸大丰收，隐瞒灾情，使朝廷不能了解实情，无法及时采取有效的补救措施，从而损害农民的利益与生产积极性，动摇国之根本。湛甘泉说：“讳灾饰穰，郡国之不仁也，宜置之罪而免其官，则天下郡吏知崇饰者未必得福，欺讳者未免得祸，各有所警，下情达而民受其惠矣。而又令督吏核实所伤，为除田租刍槁，可谓轸念民困者矣。”

3. **制民之产**

这是一个所有制的问题。占有欲是人性的构成要素之一，个体占有欲对应的就是个体占有制。一般来说，人们对自己具有所有权的东西会格外珍惜，用心经营。“制民之产”就是满足人们的占有欲，从而提高人们的生产积极性，认真经营自己所拥有的产业，以增加整个社会的财富。在传统的农业社会，“制民之产”就是让人民拥有一定数量的田地。湛甘泉说：

“明王制民之产，百亩之田勿夺其时，五亩之宅树之以桑，而又饮食、衣服、宫室、器用各有检制，不得僭越，盖重本抑末之道也。后世以侈靡相尚，贱五谷而贵金玉，风俗日偷，民生日困，坐此弊耳。”

湛甘泉这一思想源自孟子，并有所发展。在这里，湛甘泉表达了三个观点：第一，聪明的统治者会承认个体占有制即私有制的合理性与合法性，让人民拥有自己的产业。在传统的农业社会里，每个家庭拥有百亩地产比较合理。第二，不要干扰人民对自己产业的经营。在农业社会就是不要干扰、中断人民对土地的经营，让人民按照自然规律进行生产与生活。第三，建立严格的等级制度，对人们的饮食、衣服、宫室、器用等做出具体的规定，每个人都不能越制。如此便可以防止、抑制“侈靡相尚”的社会风气。湛甘泉认为，上述三点就是“重本抑末之道”。

同时，湛甘泉对后世不良风气进行了批评，认为这些不良风气导致了末业的发展，末业的发展导致了“民生日困”。他说：“务末机巧万状而恒不足者，何也？为无本也。是故明君制民之产而使浮食游手者各归耕其土，则人知务本矣。人知务本则地之所出者无穷，而人之所资者不竭，然后家可足也，父母斯民者其念之哉。”

（二）禁游食，反奢侈

湛甘泉主张“禁游食”，他说：

> “衣食足而后礼义兴。衣食之于人也大矣。食之不足者恒起于游食之多，而衣之不给者每由于奢侈之过。”

根据马斯洛的观点，食与衣是人们最基本的需求，礼、义则是人们高层次的需求，只有最基本的需求得到了满足，人们才会产生出更高层次的需求。食与衣皆出自农，农是人之本，是国之本。湛甘泉认为，“食之不足者恒起于游食之多，而衣之不给者每由于奢侈之过”。因此，禁游食、反奢侈是湛甘泉农本思想的重要内容。

湛甘泉主张通过经济手段，如税收来抑制末业，禁止游食。他说：

> “夫圣人之治天下，不能无取于民，而因地异制以为厚薄，惟恐横暴之及焉，所以厚其民者至矣。至于关市、山泽、币余必增赋者，所以抑其逐末而使之知务本也，仁之至义之尽矣。”

又说：

> “周室之制，弛力薄征，当以农民为急，至于夫里有布，漆、林有税，所以抑末业而归之农也，非欲兼利之也。”

上述两段话说明了湛甘泉的三个观点：第一，治理国家，管理社会，向人民征税是必要的。但是，税收政策要因地制宜，不能一刀切，更不能横征暴敛。第二，要“以农民为急”，对农民要“弛力薄征”，这样有利于鼓励人们从事农业生产，减少从事末业的人数。第三，征收关市、山泽、币余之税的目的就是为了“抑末业而归之农”，这是一项仁义之政，并非国家要从中得到什么好处。

湛甘泉又说：

> “耕桑者，本也。工巧者，末也。本末之势相趋而日相远，是故知有耕桑则不知有工巧矣，知有工巧则不知有耕桑矣。一夫耕之，百夫食之；一妇蚕之，百人衣之，岂有不穷以乱乎？不耕不蚕危乱立至，故抑末则财足，财足则民从善而天下平矣。”

上述这段话有一个关键词：“工巧”。湛甘泉认为，“工巧者，末也”。“工”与“工巧”存在很大的区别，“工”是必须与必要的，而“工巧”则是一种奢侈。贾谊在其著作《贾谊新书》中说道：“民弃完坚，而务雕镂纤巧以相竞高，作之宜一日，今十日不轻能成；用一岁，今半岁而弊。”可见，“工”的本质在于“完坚”、朴实与简单，而“工巧”的本质是奢华、复杂与不耐用。正是因为“工巧”要耗费大量的人力，所以导致了“一夫耕之，百夫食之；一妇蚕之，百人衣之”的局面。

湛甘泉从天理、人欲的角度对奢侈进行了抨击，他说：“古之俭，今之奢，人心岂固相远哉？此无他，理欲之分尔。即其宫室、什器而观之，土阶、茅茨之朴与琼宫、瑶台之华，同一宫室尔；污罇陶匏之质与象箸玉杯之奇巧，同一什器尔。理欲之萌其流不得不尔也。夫工简而器必精，然财省而民逸矣；工烦而器亦靡然，财费而民劳矣。实用之与虚饰何如哉？……是故俭者天理之所以存也，奢者人欲之所以肆也，是知崇俭去奢，明君风化之本也，沃心将顺者，大臣辅治之责也。”

二、力饬百工，畅通人物

社会经济是一个有机的生态性结构系统，这个系统由许多子系统构成，其中包括农业、工业（手工业）、商业、交通运输业等。缺少其中的任何一个子系统，或其中任何一个子系统发展不健全，都会对整个社会经济体系产生严重的不良影响。中国古代思想家对此早有认识，《国语·周语》载："庶人、工、商各守其业，以共其上。"湛甘泉对此有十分深刻的论述，他说：

> "士农工商各有其地，所以专其业也。地一则事专，事专则业专，业专则志定，民志定则天下治矣。……臣愿令民年十五以上，择其材质可教者教之，不尚浮名，务崇实学；其不可教者，使之力耕务本；其无田可耕者，许令为工，且禁勿为滥恶之器以相欺；为商者，必禁伪腾贰价以困居民。如是行之，则人有定业，业有定守，守有定志。"

湛甘泉上述这段话说明了四个观点：第一，士、农、工、商构成一个完整的社会体系。第二，不同行业需要不同的人才。第三，不同行业的人其心理模式与行为规范不同，即所谓的"人有定业，业有定守，守有定志"。第四，如果士、农、工、商各有定业，各有定守，各有定志，则天下大治。

士、农、工、商构成一个完整的社会体系，农、工、商构成一个完整的经济体系。虽然湛甘泉认为农业是国家的根本，但也主张合理发展手工业，同时发展商业与漕运以畅通人流与物流。

（一）合理发展各种手工业

在湛甘泉的思想体系中，所谓"合理发展各种手工业"包含了两个层面的含义：第一，发展实用的、简而精的手工业，崇尚朴实无华；第二，反对、禁止奢华的手工业，反对、禁止奇技、奇器，即所谓的"工巧"（亦称"淫巧"）。湛甘泉的这种思想在今天依然具有一定的启示作用。

1. 百工不饬，利用不兴

湛甘泉说：“夫百工不饬则利用不兴，利用不兴则不可以为国，况天下乎？”可见，在湛甘泉的思想体系中，各种手工业关乎国家、天下的发展与稳定。

《中庸》说：“日省月试，既廪称事，所以劝百工也。”湛甘泉对此进行了深度诠释，他说：

> “此孔子告哀公九经中之一事也。既，读曰饩饩。廪，稍食也。周官太宰以九职任万民而必谨于百工饬化八材者，以民生日用衣服器械之所由出也，而况于公府之地乎？不知有以饬之，则工不信度矣。故日以省之、月以试之，所以程其能也。既以廪之必称其事而上下之所以偿其劳也，由是事必效能、工必信度，而百工自劝、器按度程、功无不当，作奇技淫巧以荡上心者举无所容矣，百工岂有不饬者哉？！”

在这里，湛甘泉论述了三个问题：第一，百工的重要性。百工关系到国计民生，所以必须发展。百工是对各种手工业的统称，其中主要包括土工、金工、石工、木工、兽工、草工、皮工等。第二，必须依据各种规章制度加强对百工的管理，即所谓的“日以省之、月以试之”。第三，必须给予百工以合理的收入，以提高百工的工作积极性。

2. 毋作淫巧

“淫巧”中的“淫”，是过度的意思。湛甘泉反对“淫巧”，其原因主要有以下两个方面。

（1）“淫巧”灭天理、荡人心、乱政治

《礼记·王制》说：“作淫声、异服、奇技、奇器以疑众，杀。”湛甘泉对此评述道：

> “淫声非先王之乐也，异服非先王之服也，奇技、奇器，淫巧也，是皆灭天理、荡人心、乱政治者，故不听而刑，所以若天道正人心以保至治，而使之不坏者也。”

《礼记·月令》又说：“百工咸理，监工日号，毋悖于时，毋或作为淫巧以荡上心。”湛甘泉进行了深度诠释，他说：

“夫百工若小事也，以荡上心则其事之所关大矣。事有甚小而祸不可胜既者，非淫巧荡心之谓乎？故监工之日号不特使之顺时以善其事，而又以淫巧为戒，盖物莫（不）全于质而莫（不）坏于文，而人之心因物有迁，亦必由之，况人君之心，众欲所攻，由是而日滋焉，岂有纪极耶？故象箸之作，君子占知其终，而琼宫、瑶台卒用，此以丧天下，此固往事之明鉴也。”

“淫巧”是一种过度的状态，与天理相背，即所谓的“灭天理”。“淫巧”之物、“淫巧”之事能改变人，特别是能改变组织或国家领导者的人性组合形态，会导致其人性出现严重的失衡，即所谓的“荡人心”。湛甘泉说：“《传》云：‘夫有尤物，足以移人。’岂不信乎？甚矣，奇巧之能移人心也。人君之心一为所移而无主，则流于欲而不知荡其情、凿其性，而风俗化之矣。”

（2）淫巧，非生财之道

《格物通卷八十一·饬百工》载：“汉景帝后二年夏四月，诏曰：‘雕文刻镂伤农事者也，锦绣纂组害女红者也，农事伤则饥之本，女红害则寒之源。’”湛甘泉对此评论道：

“淫巧之滋，非生财之道也。夫生财何道也，尚俭素而已矣。是故民朴素则财用足而风俗美也，于风俗而能反其本焉，天下其有不治哉？”

在传统的农业社会，农业生产需要大量的劳动力，而农业是一切财富的源泉，耗费大量人力物力的“淫巧”会对农业构成严重的威胁。同时，由于传统农业社会生产效率相对低下，所产物品极为有限，而“淫巧”导致奢侈与浪费。湛甘泉反对“淫巧”的思想在资源紧缺、环境恶化的今天仍然具有重要的启示作用。

（二）发展商业

虽然湛甘泉主张以农为本，但他并没有因此忽视商业。湛甘泉充分认识到商业是国民经济至关重要的有机组成部分，主张保护商人的合法权益。

1. 日中为市，各得其所

《周易·系辞下》说：“日中为市，致天下之民，聚天下之货，交易而退，各得其所。”湛甘泉对此进行了深度诠释，他说：

> “日中者，当日之中也。日中为市者，民居有远近，以日中为期，会尔交易者，以有易无也。……夫天下之民不同业，天下之货不同用，立市以相易，则无者有所取，积者有所散，如是而退，各得所资以安其所，乃所以相济而非相病矣。”

从《周易·系辞下》的内容与湛甘泉的诠释来看，商业、商人有其存在的必要性、合理性与合法性。没有商业，一个社会就会处于停滞状态，人与物都无法流动，文化、科学技术也无法有效地传播，更谈不上发展。所谓的“日中为市”，并不是指天下只有一个市，实指天下有无数个大大小小各种类型的市。天下之民、天下之货就在这些大大小小各种类型的市场中流动，也在各种市场之间流动。各种市场将天下连成一个有机的整体。

2. 平物价，安商人，苏铺行

湛甘泉说：

> “窃惟财货百物，民用所资、民心所系，王者之商愿藏于其市者无他，有司无以病之故也。”

湛甘泉这短短的一段话说明了两点：第一，商业活动十分重要，它关乎民生与民心。得民心者得天下。欲得民心，必安民生；欲安民生，必须合理地发展商业。第二，一个国家、一个社会商业是否发达，与各级管理者的关系十分密切。如果各级管理者侵夺商人的合法权益，商业就无法发展；如果各级管理者不侵夺商人的合法权益，即“有司无以病之”，则商业就会得到正常发展。

由于传统农业社会重农轻商思想的影响，商人的地位很低，其合法权利十分容易遭受侵夺，主要表现在货价低估、货款拖付，从而造成商业凋敝。湛甘泉描写道：

“臣观南京大小衙门，凡百所需，俱属铺户，立有行头，每用一物，必批牌行取，铺行取货入官，减估时价，甚至有罄其所有以支应官府者，亦有支应不足而称贷以益之者。官价所估，既与时直不同，而价银在官，又不及时领给，延至一年、二年……。此与昔人和买之害又何异也？……再照市铺行头之编，本为神帛堂、南京内外织染局、内官监军器局、兵仗局、机房岁造传造段帛器皿，系该户工等部买办丝料等项，又各衙门重大纸札等物之用，累奉成祖、宪宗、武宗圣旨编审，岂有不善？但有司奉法不良，务于减克时价以为能，又令铺行见纳料物，不与见价，或至数年十年不得领给，有终委之而去者。如此铺行累乏，十铺九空、破家荡产，于是人畏铺行，如畏汤火，一次编著，扣地呼天，恸哭不忍闻，流弊至今极矣。”

针对官府、官员侵犯商人的合法权益情况，湛甘泉提出平物价、安商人、苏铺行的主张，恢复、发展正常的商业活动，他说：

“臣自官南京前后十余年，买物并不敢批牌行取，只令家人自与平买，又有被其多取者，亦不究也。已约各衙门官，有买货物公用私用者，只令本衙乾办人役及家人，将见银到铺，参酌时价，其物与价登时交易，不致强易减价，候领人难。每季地方总甲铺户，将某月某日，某衙门某官买过某物，呈报参赞守备巡视衙门，以凭转咨部院，其不倚官员名目自买者，不在此内。如此则铺行苏息，百货自通，而民用之利，京师万众不致有匮败逃离之忧矣。至于秤尺斗斛之器，一一官为印烙，悬之坊市，以平交易，以通民情。夫立市官、谨权量，亦圣人之大政也，岂可忽乎？”

从上述这段话可以得出三点：第一，湛甘泉从自己及家人做起，与商人公平买卖，甚至被商人“多取”，也不追究。第二，通过自己影响其他官员。第三，建立规章制度，从制度上为“平物价、安商人、苏铺行”提供保障。

（三）发展交通运输

经济的发展，人与物的流通，国家的稳定，都离不开交通运输的发展。湛甘泉对此有十分深刻的认识，他不仅主张发展漕运，而且主张发展海运。

1. 军国之储，屯种为上，漕运次之

湛甘泉说：“军国之储，屯种为上，漕运次之。”“转运之法，国家大计。”又说：“穿渠之利有二焉，一则可以通漕粟，一则可以利溉田，暂劳而永逸。”

《格物通卷八十五·漕运》载：

“国朝洪武二十六年八月，上命崇山侯李新往溧水县督视有司开胭脂河。上谕之曰：‘两浙赋税漕运京师，岁实浩繁。一自浙河至丹阳，舍舟登陆，转输甚劳；一自大江泝流而上，风涛之险，覆溺者多，朕甚悯之。今欲自畿甸疏凿河流以通于浙，俾运输者不劳，商旅获便，故特命尔往督其事。尔其临事虽勤，役民勿暴。’新顿首受命而行，暨河成，人皆便之。”

湛甘泉对此评述道：“食者，军民之大命，而漕运又朝廷之大命也，圣祖命李新往督开胭脂河，且谕之以转输之浩繁与夫输挽覆溺之劳苦，遂欲河流大通，往来获便，所以利国计而宽民力者至矣。”

关于漕运的重要性，湛甘泉讲了一故事：

“唐德宗贞元二年四月，关中仓廪竭，禁军或自脱巾呼于道曰：‘拘吾于军而不给粮，吾罪人也。’帝忧之甚防。韩滉运米三万石至陕，李泌即奏之，帝喜，遽谓左右曰：‘米已至陕，吾父子得生矣。’”

湛甘泉认为，若非漕运，德宗必亡。他说：“德宗以聚敛为良臣，以掊克为长策，而不节无度，既已久失人心，而肇祸乱矣。播迁之余，乃至仓廪匮竭，上下乏食，是不守其富矣。韩滉运米至陕而帝有得生之喜，军有万岁之呼，然则非良运则冤怨生变，即有不得生之祸矣。转运之利于国家岂小也哉？”

2. 漕运为万世之经，海运备一时之变

关于运输方法，湛甘泉说：“法无古今，便民者为良法也。”“夫所谓法之良者，岂直以为足国之用而已乎？”湛甘泉比较了三种运输方法的优势与不足，他说：

> “夫漕河系于地者也，舟挽系于人者也，海运系于天者也。系于地者，地或得以阻之；系于人者，人亦得以玩之；系于天者，惟能顺天之时。地阻，人力不得而与焉。是故（海运）有顺天之利一也，无漕河之阻二也，免挽舟之劳三也。此所以为良法也。虽然今之漕河疏濬，地利已非元之比矣；督运严密，人事已非元之比矣，此其万世之经也。若夫海运之法，费力甚少而致粟甚多，其说亦不可废，必不得已而用之，其亦权一时之变乎。”

根据湛甘泉的观点，漕运虽然为“万世之经”，但海运也不可弃。他进一步论述道：“漕运以为万世之经，海运所以备一时之变，二者并存，斯得之矣。然欲举海运必属之近海之藩司庶乎知海港之势，而为操舟趋避之方，则万全无失，可使一费而收百利矣。”

三、轻徭薄赋，藏富于民

轻徭薄赋，藏富于民是发展经济的重要路径。因为，轻徭薄赋，藏富于民不仅使人民得到休养生息，而且能调动人民生产的积极性，增强人民的获得感与幸福感，从而有助于社会的稳定与政权的巩固。湛甘泉对此有十分深刻的认识，并有十分精彩的论述与分析。

（一）时使、薄敛，以劝百姓

《中庸》说："时使、薄敛，所以劝百姓也。"湛甘泉对此进行了精彩的深度诠释，他说：

"《中庸》言九经之事，此其一也。使者，力役之征也。敛者，粟米之征也。皆有国者所不能免也。使之以时而不尽其力，敛之者薄而不竭其利焉，百姓岂有不劝乎？时使则不急之工息，薄敛则无艺之征止，则民财可裕而民用以充，如是则百姓享其饱食暖衣之乐，遂其乐生兴事之业，相劝以为尊君亲上之义，而百姓之劝有不期然矣。虽然薄敛，当自节用始，节用当自恭俭始。故九经以脩身为先，治天下者可以知本矣。"

湛甘泉上述这段话说明了以下四个问题：第一，力役之征，财货、粟米之征，都是维持一个国家正常运转所必不可少的，但必须有时、有量。有时、有量，则"不急之工息"、"无艺之征止"。第二，"不急之工息"、"无艺之征止"，则人民生活富足，有时间、有精力、有动力去专心经营自己的土地、作坊与商铺，促进社会经济的进一步发展。第三，人民生活富足，才会"相劝以为尊君亲上之义"。第四，要做到"时使"、"薄敛"，统治者必须节用、恭俭，即必须修身养性。

为了说明"时使"、"薄敛"在治理国家过程中的重要性，湛甘泉在其著作中讲了许多故事，下面引述其中的一个：

"唐高祖武德九年十一月，太宗与群臣论止盗，或请重法以禁之。帝哂之曰：'民之所以为盗者，由赋繁役重，官吏贪求，饥寒切身，故不暇顾廉耻尔。朕当去奢、省费、轻徭、薄赋，选用廉吏，使民衣食有余，则自不为盗，安用重法邪？'自是数年之后，海内升平，路不拾遗，商旅野宿焉。"

湛甘泉对此评述道："太宗去奢、省费、轻徭、薄赋有四善焉，寡欲一也，足国二也，裕民三也，止盗四也。行一事而四善集焉。人君安富尊荣之道也，善谋国者何惮而不为哉？”

1. 君天下者以薄赋为正

湛甘泉说：“君天下者以薄赋为正。”又说：“夫人君之治天下，固贵于授田以养民，尤贵于薄敛以取民。”

横征暴敛是为苛政，“苛政猛于虎”。苛政会导致人民离散，城镇、乡村衰败，社会经济停滞与凋零。《礼记·檀弓下》载：

> “孔子过泰山侧，有妇人哭于墓者而哀。夫子式而听之，使子贡问之，曰：‘子之哭也，壹似重有忧者。’而曰：‘然，昔者，吾舅死于虎，吾夫又死焉，今吾子又死焉。’夫子曰：‘何为不去也。’曰：‘无苛政。’夫子曰：‘小子识之，苛政猛于虎也。’”

湛甘泉对此评述道：“此记暴敛害民之政也。……天下之至恶而伤人者，莫如虎。死于虎者三而不去，则所去之邑暴虐可知矣。民宁居于猛虎之区而不适苛政之地，是则虎之猛不如政之苛，而人畏苛政有甚于虎也。何也？虎之害人有时而可避，而政之剥削无地而可逃也，故曰‘苛政猛于虎’。然则仁恩及民者，谓之驺虞；苛政迫人者，谓之猛虎。人君其可不薄敛以聚民乎？伏惟圣明在上，不欲厚敛吾民，天下信之矣。”

2. 恤劳减役，使民更休

湛甘泉说：“妄兴民役则滥费国用，匪但摇邦本又将伤其心、蠹其根株而邦国随以灭亡也，可不戒哉。”《格物通卷九十一·省国费四》载：

> “洪武十三年五月，命防宁侯张温、雄武侯周武，往河南理务。时上以河南造周王宫殿，恐军民服役劳苦，故命温等往抚之，仍谕之曰：‘河南将士疲劳多矣，宜善抚之，凡役万人者，可役千人；役千人者，可役百人，使得更休，毋尽其力。’”

湛甘泉对明太祖这一行为给予了高度的评价，他说：“国之所以为国者民而已矣，民之与国安危同焉。故治国之道在节用爱人，节用则税敛薄、力役宽，民安而国亦安矣。故宽一役则得一人之安，薄一敛则民享一分之食，力舒而财丰矣。太祖受命而兴，为民造福者也。观其因造王府，惟恐军民服役劳苦，乃命官抚之，且谕恤劳减役，使得更休以宽其力，一念之爱，天地生物之仁也，圣明为国保民尚以太祖为法。”

湛甘泉在其著作中记载了许多相关的正面与反面的故事，这些故事对各级管理者都具有启示作用。下面引述其中的一个故事：

> “元帝太兴四年，张茂筑灵均台，基高九仞。武陵阎曾夜叩府门呼曰：‘武公遣我来言何故劳民筑台？’有司以为妖，茂曰：‘吾信劳民，曾称先君之命以规我，何谓妖乎？’乃为之罢役。”

对此，湛甘泉评述道：“劳民筑台，此冗役也。冗役必有大费，民之膏脂竭矣。阎曾托武公以为谏，权而不失正者也。张茂闻言即止，其庶几能补过者乎。”

3. 善理财者，去冗官、冗兵、冗费

湛甘泉说：“善理财者，去不急之官，省无益之费，而冗兵冗役一切检制，然后用舒而财足也。君天下者可不以是为首务乎。”“不急之官”即冗官，“无益之费”即为冗费。冗费多由冗役产生。湛甘泉认为，善于管理国家财务的人，必须要去冗官、冗兵、冗费。

（1）官多则民病

湛甘泉说：“官多则民病，病在剥食其膏脂也……人君能于其可去者去之，亦足财裕民之大道也。”湛甘泉的意思是说，官多了，人民就会遭受苦难，其财富与人力就会被侵夺。国家的最高管理者如果去除冗官，国家的财富就会富足，人民的生活就会富裕。湛甘泉又说：“吏多则食众，民少则赋烦，以烦赋之民奉众食之吏，几何而不贫以死去而为盗为乱也哉？省官以节用而安民，乃为治之急务也，为人君者可不念之哉。”

湛甘泉提出自己“立官”的理念，他说：

> “古之立官也，所以养民；今之为官也，所以养于民。古之养民也

寡，今之养于民也多，此治乱之由分也。况其贤、不肖之不齐，而盗诸民以自私者日益暴也。是古之设官也，将以利民；今之为官也，将以暴民。”

可见，在湛甘泉看来，立官就是为人民，即为了“养民”。如此，所立之官就要少而精，运行起来才会有效率；如果所立之官多而滥，就会给人民带来沉重的负担。从中国历史来看，每个朝代的中后期，官僚机构都会急剧扩张，官员的数量急剧增加，出现大量的冗官，整个官僚机构运作失常、失效，人民负担加重，经济发展停滞，最终导致一个朝代的灭亡。这一点值得我们高度重视。

（2）兴大役于不毛之地，冗兵

湛甘泉说：

“兴大役于不毛之地，冗兵也；动广费于虚弊之余，害民也。夫兵所以卫民而反以害民，岂国家之利也哉？”

湛甘泉又说：

“王者不治四裔，不穷兵于远……劳中国而事四夷，舍近政而贵远略，困吾民之力争不毛之地，其劳人费食有不可胜言者矣。”

在这里，湛甘泉提出了一个十分重要的理念：兵的存在是为了保卫人民，而不是为害人民。从世界与中国的历史来看，过度兴兵，过度扩张，都会给人民带来灾难，最终导致一个国家的衰败甚至灭亡。从科学技术高度发达与世界高度一体化的今天来看，兵在精而不在多。冗兵只会给国家的发展带来障碍。

湛甘泉还认为，兴兵要符合天道，是不得已而为之。他说：“谓我兴兵也，不得已而御寇犹可也。若兵自我起，是无事而兴兵，则变天之生道，断地之生理，乱人之生事。故变天则伤生，绝地则伤财，乱人则伤力矣。其可以不戒乎。”

（3）节俭，君人之美德

《礼记·哀公问》载："孔子曰：'即安其居，节丑其衣服，卑其宫室，车不雕几，器不刻镂，食不贰味，以与民同利，昔之君子之行礼者如此。'"湛甘泉对此进行了深度诠释，他说：

> "安其居，不妄游以害人也。节丑者，即所谓恶衣服也。雕，即刻镂也。几者，漆饰之有几限者。夫天之生财也有限，不在上则在下，故上不侈靡暴殄之，则财聚于下而民足矣。节俭者，君人之美德也，是故古之人君宁俭以自处而不敢伤天下之财者，所以阴遗其利于天下也，苟内作色荒、外作禽荒而靡所不至，则何以利于苍生哉？噫！秦皇、汉武之事可以鉴矣。"

这段话的核心意思是节俭应该是一个组织或国家领导者的美德。领导者如果有这种美德，就会形成一个强大的心理情感能量场，对整个组织或国家产生良好的影响，促进其经济繁荣、社会稳定。湛甘泉说："俭之为德，其至矣。一人倡之，则万民化之。一人倡之，则国有余财；万人化之，则家有余食。衣食足、风俗淳、礼义兴而户口增，皆俭之效也。故克勤克俭，禹以之兴邦，而创业之君未有不法禹而兴者也。及至承平之主，则侈肆无度，盖未睹于废兴存亡之机在俭侈之间耳，人主可不监于此乎。"

出身平民的明太祖取得天下之后，极力倡导节俭，《格物通卷九十一·省国费四》载：

> "洪武八年九月，诏改建大内宫殿。上谓廷臣曰：'唐虞之时宫室朴素，后世穷极侈丽，习尚华美，去古远矣。朕今所作但求安固，不事华丽，凡雕饰技巧一切不用，惟朴素坚壮，可传永久，使吾后世子孙守以为法，至于台榭苑囿之作，劳民费财以事游观之乐，朕决不为之，其敕所司如朕之意。'"

湛甘泉对明太祖的行为大加赞赏，他说："人君欲固邦本，不可不节财用；欲节财用，不可不去冗费。是故台榭在所可无，而宫殿在所当建也。于其所可无者而兴作，与其所当建者而华饰，皆足以费财而害民也。太祖知之，伤今追古，节费裕民，敦朴垂后之意至矣，俭德永图，固圣子神孙万世之宜法守也。”

（二）财聚民散，财散民聚

《尚书·周书》载：“武、成散鹿台之财，发钜桥之粟，大赉于四海而万姓悦服。”湛甘泉对此做了深度而精彩的诠释，他说：

“此史臣记武王克商所行之大政也。赉，与也。鹿台，纣所积之财也，而武王散之。钜桥，纣所积之粟也，而武王发之，以大与四海之民而赈其困穷，于是四海之民万其姓者皆悦而服之矣。臣谓鹿台、钜桥一也，商纣聚之而民心怨，武王散之而民心归者，何也？盖财者民之心也，聚财则伤民心，民心伤，其有不背之者乎？散财则得民心，民心得其有不向之者乎？聚散之间而民心向背由之，然则《大学》‘财聚民散，财散民聚’之言为可验矣。有国者可不慎哉。”

“财者民之心”是对人性的高度总结与概括。我们每一个人都具有占有财富的欲望，作为管理者必须合理、适度地满足人们的占有欲，人们才会有跟随的意愿，才会有从事生产活动的积极性；否则，人们就不会跟随，也不会有从事生产活动的积极性，即所谓的“财聚民散，财散民聚”。

民聚，则经济繁荣、社会稳定；民散，则经济凋零、社会动荡。民聚、民散，实指民心的聚散。这是湛甘泉经济政治思想的重要组成部分。下面对湛甘泉这一思想进行深入分析与论述。

1. **利可以同不可以独**

湛甘泉说：

“利者，天之所生，地之所养，民之所用，可以同不可以独，可以散不可以聚，否则神人百物不协其极……为民上者可不知所以公天地之利乎！”

湛甘泉又说：

> “王人者导利而布之上下者也，利而专之，虽十室之长不可以为治，况天下乎？”

根据湛甘泉的观点，财富是公共的而不是哪个人的。财富必须在个人与个人之间、在国家与个人之间进行公平合理的分配。财富不能集中于某个或某些人的手中，也不能集中于国家的手中，否则，管理活动就无法展开。湛甘泉认为，要防止“独利”或“专利”，必须轻徭薄赋，他说：“明君贤臣与天下共其利，不敢专利以妨下，故损租、却贡、防葵、罢织，后世称誉之而不衰。”又说：“夫专利者，人之所怨也。天下之怨归之，大难将至矣，为人君者，其轻赋、薄敛、蠲租以与民可也，其可专利而敛怨以自及于难哉？”

湛甘泉在其著作中讲述了一个经典的与民共利的故事：

> “赵简子使尹铎为晋阳，请曰：‘以为茧丝乎？抑为保鄣乎？’简子曰：‘保鄣哉。’尹铎损其户数。简子诫襄子曰：‘晋国有难，而无以尹铎为少，无以晋阳为远，必以为归。’
>
> “周威烈王二十三年，智伯求蔡皋狼之地于赵襄子，襄子弗与，智伯怒，帅韩、魏之甲以攻赵氏。襄子将出，曰：‘吾何走乎？’从者曰：‘长子近，且城完厚。’襄子曰：‘民罢力以完之，又毙死以守之，其谁与我从者？’曰：‘邯郸之仓廪实。’襄子曰：‘浚民之膏血以实之，又因而杀之，其谁与我？其晋阳乎？先王之所属也，尹铎之所宽也，民必和矣。’乃走晋阳。三家以国人围而灌之城，不浸者三版，沉灶产蛙，民无叛意。”

从这种故事我们可以得出：专利则人怨，人怨则事败；共利则人和，人和则事成。对于这个故事，湛甘泉给出了自己的评论，他说：“重役厚敛，怨之府也。孟子曰：‘天时不如地利，地利不如人和。’民怨则不和，虽有天时地利，何足恃乎？是故为国之本在人和，人和之实在省赋。尹铎能宽赋以和晋阳之人心，而襄子因之以保垂亡之国，是得其人和之效也，然则后之人君可不轻徭薄敛以和天下之人心、固国家之大本乎？”

2. **藏富于民**

湛甘泉说：“天下之财不在国则在民，与其藏富于国宁藏富于民。”从历史与现实的角度来看，国家掌握的财富过多，会造成国家与个体之间财富分配的失衡，严重影响个体的生产积极性；同时，国家掌握的财富过多，官员贪污腐败的现象就会严重，从而造成社会动荡，阻碍社会经济的发展。

刘向《说苑》载：

> “鲁哀公问政于孔子，对曰：‘政有使民富且寿。’哀公曰：‘何谓也？’孔子曰：‘薄赋敛则民富，无事则远罪，远罪则民寿。’公曰：‘若是，则寡人贫矣。’孔子曰：‘《诗》云：“恺悌君子，民之父母。”未见子富而父母贫者也。’”

“未见子富而父母贫者”是孔子，也是儒家的传统经济思想。这里的“子”，即人民；这里的“父母”，即国，即君。只有人民积极生产，发家致富，国家或君主才会变得富有。湛甘泉对这种思想进行了深度的诠释，他说：“欲富欲寿虽民之情，而君之富寿亦于是乎在矣。盖君与民为一体相因者也。民富且寿，君岂有独贫之理哉？民贫且死，君岂有独富之理哉？先王经土地而井牧其田野，为之井、邑、邱、甸、县、都以任事，而令贡赋即所以藏富于民也。薄其税敛，则万邦惟正之供，亦犹子弟有余而奉养于父母者无不足矣。奚必箕防大盈竭四海而帑藏之然后谓之富哉？”

第七章
关心孤寡，扶危济困

由于社会结构的生态性、自然环境的不稳定性与周期性，人类社会的任何历史时期都存在着需要特别关注的群体与个体。对这些群体、个体的关注与帮助是危机管理与社会治理的重要部分。如果对这部分人的关注与帮助不当，则会引起社会的道德迷失，会导致社会秩序混乱。因此，国家或组织的最高管理者需要具有整体、系统的平衡观。

湛甘泉作为一个思想家与政治家，他从“天地万物，本吾一体”的高度来看待社会结构中各种各样的人，提出的关心孤寡、扶危济困的社会治理理念及相应的措施。下面，我们对这一理念及相应的措施进行详细的分析与论述。

一、恤穷之政，发于仁念

在湛甘泉的著作中，“穷”主要有三个方面的含义：无助、困顿、贫乏。个体的生命周期、自然灾害、疾病、人祸等都会使人陷入无助、困顿、贫乏状态。也就是说，我们每一个人都有无助、困顿或贫乏的时候，在这个时候我们就需要特殊的关照与体恤。作为国家或组织的最高管理者对此必须有深刻而充分的认识。用湛甘泉的话来说，就是国家或组织的最高管理者必须要有“仁念”。有了“仁念”才有仁政，百姓对生活才会充满希望。

（一）上之一念，万民性命之主

湛甘泉说：“民生之难易系于为人上思与图之一念耳，是上之一念，乃万民性命之主也。”此处之“一念”就是所谓的“苞桑”。“其亡其亡，系于苞桑”，可见国家或组织最高管理者理念的重要性。

1. 民吾同胞

宋代大儒张载在其著作《西铭》中说：“民吾同胞，物吾与也。”又说：“凡天下之疲癃残疾茕独鳏寡者，皆吾兄弟之颠连无告者也。”对此，湛甘泉进行了深度而精彩的诠释，他说：

> “天地万物，本吾一体者也，是万物皆吾同得于天所与之气，故曰吾与。而民尤同吾得天地之正气，于吾并生之中，乃为同类而至贵者，故曰同胞。曰同胞则视之如己之兄弟矣，而天下之远、兆民之众，有疲癃残疾茕独鳏寡之人皆我兄弟之中颠连无告者，然则知疲癃残疾茕独鳏寡皆吾之同气，则其哀恤之情根于天性，自有所不能已者矣。”

“天地万物，本吾一体”是湛甘泉的宇宙观，根据这一观点，“我”与万物本为一体，因此，“我”对万物存有仁爱之心，这是“我”与生俱来的本性。其他人即民是“我”的同类，相对万物而言，与“我”的关系更近，是“我”的同胞，“我”爱人远胜过爱物。天下之人都是“我”的同胞，无论他属于哪个国家、哪个民族、哪个种族。因此，天下“疲癃残疾茕独鳏寡之人皆我兄弟之中颠连无告者”。所谓“颠连无告者”，就是无助、困顿、贫乏者，即所谓的穷者。我们对这些“颠连无告者”的“哀恤之情”根于我们的天性，是不由自主的，是自然而然的。

湛甘泉又说：

> “天地民物一体者也，其感应神速、痛痒相关……苟有痛痒感应之心，则民之旱潦穷苦无不兼知，则亦无不兼恵矣。”

由于“天地民物一体”，所以，天、地、民、物之间相互感应、痛痒相关。人们之间互为同胞，其互相感应更为神速、更为切实，所以，“民之旱潦穷苦无不兼知，则亦无不兼惠”。作为国家或组织的最高领导者，从其职业化的人性组合形态来看，应“将视民如伤，保民如子”，“一民失所如赤子之失乳哺”。

2. 古之圣人以天下为心

杨时的《经筵讲义》说：

“古之圣人以天下为心，其于居食之际，非徒若是而已，食而饱必思天下之有未饱者，居而安必思天下之有未安者。”

从理念的层次与层次之间的关系来看，“以天下为心”是“民吾同胞，物吾与也”的自然延伸；“食而饱必思天下之有未饱者，居而安必思天下之有未安者”则是“以天下为心”的自然延伸。“思”是直接导致行为的层次。湛甘泉说：“杨时言一食一居必思天下之未安饱者，所以养人君恤民之仁也。夫惟饮食起居而不忘天下之穷民，则无事必思所以加惠之，有灾必能有以恤赉之，则虽不能使天下皆饱皆安也，而安饱之政可由是而推行矣，否则素无所养，一旦遇天下之灾，其能沛然行宽恤之惠乎？是故人君之心在于素养矣。”

《贾谊新书》载：“楚昭王当房而立，愀然有寒色。曰：‘寡人朝饭、餟醇酒二觛，重裘而立，犹憯然有寒气。奈我元元之百姓何？’是日也，出府之裘以衣寒者，出仓之粟以赈饥者。”对此，湛甘泉评述道：

“古之人所以大过人者，善推所为而已。楚昭王能推己以及于民，因其寒而赐之以裘，因其饥而赐之以粟，可谓有仁恕之心矣。此其所以大得民心而克复旧物也欤。”

楚昭王之所以能推己以及于民，就是他能“以天下为心”。湛甘泉说：“夫视民之饥犹己之饥，王者之仁心也。”能“以天下为心”就能与天下之民相互感应，形成一个巨大的能量场。在这个能量场内充满同情与关爱，这是王政的典型表现。

（二）不忍之心存于中，不忍之政发于外

“民吾同胞”、“以天下为心”，必然导致“不忍之心存于中”；“不忍之心存于中”，必然导致“不忍之政发于外”。湛甘泉这种思想来源于孟子，并有所发展。

湛甘泉说：

> “恤穷之政发于一念之仁，人君苟有同胞共与之心，则亲见困穷疾苦之状而怵惕恻隐之心自不可遏矣。苟能即此一念而扩充之，则仁不可胜用而足以保四海矣。”

政，是理念的外现。不同的理念产生不同的政。恤穷之政根植于仁爱之念。人君与民，本为同胞，见同胞困穷疾苦，“怵惕恻隐之心自不可遏”，恤穷之政（即仁政）自然而出。仁政可以得天下，可以保四海。明太祖说：“得天下者，得民心也。夫老者，民之父母；幼者，民之子孙。恤其老，则天下之为子孙者悦；恤其幼，则天下之为父母者悦。天下之老幼咸悦，其心有不归者寡矣。苟视其困穷而不之恤，民将怃然曰：‘恶在其为我上也。’故周穷乏者，不患无余财，惟患无是心，能推是心，何忧不足？”

《格物通卷九十四·蠲租》载：

> “洪武二十五年二月，凉国公蓝玉奏凉州卫民千七百余户附籍岁久，所种田亩宜征其赋，令输甘肃。上曰：‘凉州归附虽久，贫民至今未苏，俟年丰食足然后征之。’”

湛甘泉对此评述道：“《语》云‘既来之则安之’。所谓‘安之’者，奠其居止，宽其徭役，蠲其赋敛，以仁心行仁政而惠养之而已矣。我皇祖之得天下也以仁。观蓝玉奏征凉州卫民田租，皇祖以其附籍虽久，贫民未苏，而必俟之丰年，非其仁人之政发于仁心者乎？”

《格物通卷九十四·蠲租》载：

“天顺四年秋，天下大水，江南尤甚，田尽淹没。时上益明察，凡事臣下莫敢发端。一日李贤因召对，从容为言。上曰：‘为之奈何？’贤曰：‘若非大施恩典，安得苏息？’于是诏令被灾州县申报巡抚、巡按，官灾重者全免，稍重者免半，又轻者免三分。”

湛甘泉对此评述道：“此我英宗皇帝蠲租之诏也，皆发于一念恤荒爱民之仁，可谓至矣。”湛甘泉认为：“人君贵乎有恤民之大政，而不贵乎分财之小惠。”

（三）救灾恤邻为道

“民吾同胞”、“以天下为心”，决定了湛甘泉思想的宏大格局：仁爱不仅仅针对本国人民而言，还针对天下民众而言，甚至是针对其他物类而言。这种仁爱才称得上为道。

《左传》记载这样一则故事：

“僖公十三年，晋荐饥，使乞籴于秦。秦伯谓子桑：‘与诸乎？’对曰：‘重施而报君，将何求？重施而不报，其民必携携而讨焉，无众必败。’谓百里：‘与诸乎？’对曰：‘天灾流行，国家代有，救灾恤邻，道也，行道有福。’丕豹在秦，请伐晋。秦伯曰：‘其君是恶，其民何罪？’秦于是乎输粟于晋，自雍及绛相继。”

晋国连年饥荒，晋国民众深陷苦难，秦国的子桑、百里奚、丕豹有着不同的思考与建议。针对三人的思考与建议，湛甘泉给出了不同的评价，他说：

“百里奚以救灾恤邻为道，仁人之言矣。异哉！子桑之为秦伯谋乎！方施之而遽责报之，既责报之又欲俟其携而讨之，于恤邻之义何有？丕豹之请则又甚焉。然晋饥秦输之粟，秦饥晋闭之粜，则晋之负义于天下，何以为霸哉？”

从上述这段文字来看，湛甘泉同意并赞赏百里奚的思想与建议，认为“救灾恤邻为道”是仁人之言；对于子桑、丕豹的思想与建议则提出了批评。

《格物通卷九十七·恤穷上》载：

“周太祖广顺元年夏四月壬辰，朔滨淮州镇上言：‘淮南饥民过淮籴谷未敢禁止。’诏曰：‘彼之生民与此何异？宜令州县津铺无得禁止。’”

“彼之生民与此何异”是种胸怀天下、“以天下为心”的宏大格局。湛甘泉充分认同了这种格局，他说：“五霸葵丘之盟犹曰无遏籴。后世一遇饥岁往往以闭籴为先，何不仁之甚哉！周太祖曰：‘彼之生民与此何异？’何其公也！曰：‘无得禁止。’何其仁也！可谓有不忍人之心而惠及于邻国者矣，其亦贤矣哉。”

二、不虐无告，不侮鳏寡

湛甘泉说：

“圣人之治天下，不能保其无鳏寡孤独之穷民也；圣人之政能使之有养而已。故尧之不虐无告，文王不敢侮鳏寡，此先王恤穷之政也，故王制有常饩以养之，然后无一物不得其所而仁覆天下矣。国家仁厚之泽下及孤老无告之人甚渥也，府、州、县设为养济院，而又岁时有给赐焉，固无有一夫之不被者矣。然臣犹恐深山穷谷之中、颓檐破屋之下或有困穷之民无力以自致于养济而吏胥索钱莫之恤者矣。”

湛甘泉上述这段话说明了三个问题：第一，由于社会的生态性与个体生命的周期性，任何一个社会都存在着“鳏寡孤独之穷民”，圣人治理的社会也不例外。第二，圣人治理的社会会充分考虑“鳏寡孤独之穷民”的权利，即所谓的“不虐无告”、“不侮鳏寡”，并制定相应的政策与规章制度，建设相应的设施，使“鳏寡孤独之穷民”有吃、有喝、有住、有穿。第三，对“鳏寡孤独之穷民”的照顾，要做到集中与分散相结合，在府、州、县设立养济院，形成网络状的照顾体系，做到“无有一夫之不被者”。

“鳏寡孤独之穷民”处于社会的最底层，对这些人的照顾事关社会的稳定与发展，甚至关系到国家的存亡。所以，历代有作为的统治者对此都十分重视。

（一）存恤孤老，仁政所先

《格物通卷九十八·恤穷下》载：

> “国朝太祖皇帝肇基五年，诏天下郡县立孤老院，凡民之孤独残疾不能自生者许入院，官为赡养，每人月米三斗、薪三十斤、冬夏布一匹，小口给三分之二。后改孤老院为养济院。其初著之于令曰：‘凡鳏寡孤独，每月给米、每岁给布，务在存恤。监察御史、按察司官常加体察。’既而着之于律曰：‘凡鳏寡孤独及废疾之人，贫穷无亲属依倚不能自存，所在官司应收养而不收养者，杖若。应给衣粮而官吏克减者，以监守自盗论。’又申之以宪纲曰：‘存恤孤老，仁政所先，仰府州县所属，凡有鳏寡孤独废疾无依倚之人，俱收于养济院，常加存恤，合得衣粮，依期按月支给，毋令失所，遇有疾病，督医治疗。’”

“存恤孤老，仁政所先”是上述这段文字的核心。明太祖肇基五年，就“诏天下郡县立孤老院”，规定“凡民之孤独残疾不能自生者许入院”，由官府提供衣食，并规定“所在官司应收养而不收养者，杖若”、“应给衣粮而官吏克减者，以监守自盗论”。

对此，湛甘泉给予了高度评价，他说：“我圣祖于登基之五年即有恤穷之制，是即文王发政施仁，必先鳏寡孤独之仁心也，使臣下常奉承德意以施行之而不失，则仁政之泽可以被于无穷矣。是故鳏寡孤独归于养济，俾得其所也；岁有衣粮，俾不困于饥寒也；有司时察，防吏奸也；应收而不收则杖，应给而吏克减者论以自盗，严其法也；督医治疾，冀其生也。仁之至，义之尽矣。”

《格物通卷九十八・恤穷下》又载：

> “洪武八年正月，上命中书省令天下郡县访穷民无告者，月给以衣食，无所依者给以屋舍。仍谕之曰：‘天下一家，民犹一体，有不获其所者，当思所以安养之。昔吾在民间，目击其苦。鳏寡孤独、饥寒困踣之徒，常自厌生，恨不即死，如此者宛转于沟壑可坐而待也。吾乱离遇此，心常恻然，故躬提师旅，誓清四海，以同吾一家之安。今代天理物，已十余年，若天下之民有流离失所者，非惟昧朕之初志，于代天之工亦不能尽也，尔等为辅相，当体朕怀，不可使天下有一夫之不获也。’”

上述这段文字透露了几点重要的信息：第一，穷民无告者、鳏寡孤独、饥寒困踣之徒，作为个体，这些人是软弱无力的，但是，作为群体，一旦组织起来，他们就具有强大的力量，明太祖在很大程度上就是依靠他们取得天下的。第二，为了维护政权与社会的稳定，统治者必须关心、照顾穷民无告者、鳏寡孤独、饥寒困踣之徒，这就是孟子所说的仁政或“不忍人之政”。第三，仁政或“不忍人之政”必须出自人性、出自人心，否则，就会只是做做样子，流于形式，没有效果，甚至还有可能产生反效果。湛甘泉认为，明太祖来自民间，出身低下，对穷民无告者、鳏寡孤独、饥寒困踣之徒的苦难深有体会，对他们的关心也是发自内心的。他说：“孟子云，先王有不忍人之心，斯有不忍人之政矣。我太祖皇帝方在民间，亲见鳏寡孤独之困苦，心常恻然，则存不忍人之心久矣。故五年下诏、七年下诏，及此八年又以命中书省访穷民无告者，给之衣粮屋舍焉。非所谓不忍人之政乎？！”

（二）穷民之诉，上达于王

《周礼・秋官》载：“大司寇……以肺石达穷民，凡远近茕独老幼之欲有复于上而其长弗达者，立于肺石三日，士听其辞以告于上而罪其长。”对此，湛甘泉做了深度诠释，他说：

“此《周礼》秋官之职也。君门咫尺万里，使下情壅蔽，则虽有欲赴诉于王者，孰从而上达邪？于是立之以肺石，凡远近茕独老幼穷民之无告者，欲诉于上而长令不以闻，则使立于肺石之上，至于三日之久，则真情得矣，然后士师听其辞以告于上而罪其长吏焉。何则？君腹心也，民四体也，四体受病而腹心弗察，此身心不相联属者，莫大之症矣。先王灼知乎此，必使之相通，则民隐无不达，而后人君恤穷之心可尽，而穷民得其所也，为人君者其可忽诸？”

湛甘泉在这里论述了四个问题：第一，君民之间信息沟通至关重要，因为，“君腹心也，民四体也，四体受病而腹心弗察，此身心不相联属者，莫大之症矣”。第二，从地理空间来看，君主近在咫尺；从组织等级及信息传递的链条来看，君主则在万里之外，民情民愿在这个链条上的传递过程会被有意无意地过滤，人民真正的诉求、真实的心声被壅阻于下，君主无法听到，无法了解。第三，为解决民情壅阻的问题，大司寇设立“肺石”（类似后世的鸣冤鼓，亦类似现代的信访办），使“远近茕独老幼穷民之无告者”表达心声，使“士师听其辞以告于上”。第四，对壅蔽民意的地方长官进行惩罚。

三、凶年饥岁，施以荒政

湛甘泉说：

“荒政者，救荒之政，所以恤民穷也，聚万民者。岁荒则民将流离，故聚之也。”

凶年，也被称为灾年或荒年，是自然灾害的结果，具有周期性与不可避免性。作为国家的管理者，所要做的就是实施、推行“荒政”，救济灾民，避免灾民流离失所、饥寒交迫。湛甘泉关于“荒政”的论述十分丰富。从现代管理学的角度来看，“荒政”是危机管理的重要组成部分，因此，湛甘泉关于“荒政”的论述对今天仍然具有十分重要的启示作用。

（一）凶荒之变，君臣自贬损以忧民

湛甘泉提出“凶荒之变，君臣自贬损以忧民”的观点，认为这是“荒政”的重要组成部分。

1. 君臣自损，以聚万民

《周礼·地官·大司徒》说：“以荒政十有二聚万民，一曰散利，二曰薄征，三曰缓刑，四曰弛力，五曰舍禁，六曰去几，七曰眚礼，八曰杀哀，九曰蕃乐，十曰多昏，十有一曰索鬼神，十有二曰除盗贼。”湛甘泉对十二条“荒政”进行了详细的解释：

> “散利者，出粟也；缓刑者，薄罪也；弛力者，息徭役也；舍禁者，山林川泽不为之禁也；去几者，关市不征也；眚礼，杀凡礼也；杀哀者，减凶礼也；蕃乐者，闭不用也；多昏者，昏礼不备也；索鬼神者，祈废祀也；除盗贼者，严刑以去之恐为民害也。是故观荒政则先王之虑民可谓至详而其恤穷可谓至切矣。”

从湛甘泉的解释来看，十二条“荒政”中有九条属于“君臣自贬损”的内容，也就是说，灾荒之年，为解决灾民衣、食、住的问题，各级管理者应从自己做起，轻徭薄赋、力行节约、开仓散利，为救灾聚集资源。《礼记·曲礼》说：“岁凶年谷不登，君膳不祭肺，马不食谷，驰道不除，祭事不县，大夫不食粱，士饮酒不乐。”

从管理心理学角度来看，各级管理者的上述行为有助于营造良好的社会氛围，形成全国上下一心的心理情感能量场，否则，人民与管理者就会离心离德，心理情感能量场就会由于多股不和谐的力量互相较量而被撕裂。历史证明，一旦出现这种情况，社会就会动荡，国家就有可能灭亡。湛甘泉说：“夫国以民为本，民以食为天，岁凶年谷不登则民无以为生，灾异莫此为

甚，君臣与民一体者也，于饮食祭飨之供无不裁抑，所以致忧恤于民而祈之于天也，乃若遇此而恬不知脩省，则弃天矣。弃天者天亦弃之，为人君者可不儆戒乎。”

2. 租为轻，民为重

《格物通卷九十四·蠲租》载：“唐太宗贞观元年六月，山东大旱，诏所在赈恤，无出今年租赋。”对此，湛甘泉评述道：

> “国家之所系，租赋为轻，民为重，有民则有赋矣，有赋则有国矣。唐太宗以山东大旱，下赈恤之诏而免其今年租赋，所以爱民者至矣。贞观之治其有以也，夫后世人君闻民之愁叹而不加恤者，于唐太宗得无愧乎？”

湛甘泉在这里提出了一个理念：“国家之所系，租赋为轻，民为重。”正是因为这一理念，才会有“君臣自贬损以忧民”。湛甘泉对唐太宗的行为大加赞赏，认为“君天下者，当体圣人恤民之仁，遇灾薄税，必以实惠宽之，数岁然后荒歉可济也”。

湛甘泉又说：

> “夫君之于民，犹父母之于子也，察其饥寒而体悉之周，父母之心岂有为名哉？人君以父母斯民为王道，则凡恩出于上而及于下者，非有所为而为之也，必如此然后可以为民父母矣。”

君为父母，民为子；官为父母，民为子。是子重要还是租赋重要？这是一个不言自明的问题。父母关心、爱抚自己的子女出自真心实意，而不是为名。也正是因为如此，才会有“君臣自贬损以忧民”。

（二）赈饥之事，宜速不宜缓

湛甘泉说：“赈饥之事以朝夕为死生者也，故其机宜速不宜缓。赈饥之用以多寡为财费者也，故宜丰不宜吝。”意思是说，赈济饥荒关乎大批人的生死存亡，情况紧急，采取行动要迅速，不能拖延，管理者要当机立断，相机而行。同时，赈济饥荒的各种资源要充足。湛甘泉在其著作中列举了许多故事来说明自己的观点，下面引述其中的两个故事。

故事一：

《格物通卷九十九·赈济上》载：“汉武帝建元六年，河内失火，延烧千余家。上使汲黯往视之，还报曰：‘家人失火，屋比延烧，不足忧也。臣过河南，贫人伤水旱万余家，或父子相食。臣谨以便宜，持节发仓粟以赈贫民，请归节伏矫制之罪。’上贤而释之。”对此，湛甘泉评述道：

> “家人失火，灾之小者也。民饥父子相食，伤天地之大和，以蹙邦本，变之大者也。汲黯便宜矫制，发仓以赈之急，于忧国爱民而忘其身以安社稷，其为心可谓忠矣。故曰：‘古有社稷之臣，黯近之。’岂独以其能直谏而然哉。”

在湛甘泉看来，“家人失火”尽管给家庭带来重大的损失，但相对于饥荒，就严重的程度与紧急的程度来说，则是小灾。因为“民饥父子相食，伤天地之大和，以蹙邦本，变之大者也”。湛甘泉对汲黯相机而行的决策给予了高度评价。

故事二：

《格物通卷一百·赈济下》载：“国朝洪武初，费震为汉中府知府，多善政。大军平蜀之后，陕西旱饥，汉中尤甚，乡民多聚为盗，莫能禁戢。是时府仓储粮十余万石，震与僚属谋曰：‘民饥如此，岂可坐视其毙？仓廪粮储尚多，吾欲发以贷民，赈其饥荒，俾秋熟还仓，且易陈为新，何如？’众以为然，即日发仓，令民受粟，且以状奏闻。自是攘窃之盗与邻境之民多来归者，震皆令占宅自为，保伍验丁给之，赖以活者甚众。因籍为民得数千家，至秋大熟，民悉以粟还仓。后以事被逮于京，太祖皇帝曰：‘震良吏也，释之，以为牧民者劝。’”对此湛甘泉评述道：

> “奉命而后行者，人臣之经也；先赈而后以闻者，济变之权也。费

震发储粮以济饥，秋成而民偿，则上不费公家之财，而下可活万人之命矣，行济世之权而不失其事君之经者也。及后以状闻，太祖是之。他日又以是而释其罪，呜呼！此固圣祖御世劝贤之道，或者亦费震阴德及民之报也。”

“先赈而后以闻者，济变之权也”，意思是说，遇到饥荒，地方上的行政官员可以先开仓发粮，赈救灾民，然后再向上报告，请求开仓救民；而不是反过来。这是湛甘泉赈荒思想的核心观点之一。这要求地方上的行政官员遇到危急情况要懂得权变，还要对民生、民命、社会安宁有担当。湛甘泉对费震的行为及明太祖的态度给予了高度评价。

（三）赈荒之体，先公庾而后私家；赈荒之要，抑有余而补不足

《格物通卷一百·赈济下》载：“王栢论赈济利害曰：‘赈荒之体，先公庾而后私家。赈荒之要，抑有余而补不足。’”意思是说，赈济灾荒，要先动用公共资源，公共资源不足，才征用私人资源；要将资源丰富地方的多余物资运送到资源短缺的地方。这是湛甘泉“荒政”思想的第三个内容。

1. 仓廪府库，君积之以拯民

《格物通卷九十九·赈济上》转载了孟子的一段话：“凶年饥岁，君之民老弱转乎沟壑，壮者散而之四方者几千人矣，而君之仓廪实、府库充，有司莫以告，是上慢而残下也。”对此，湛甘泉进行了详细的诠释，他说：

“此孟子因邹穆公归怨于民而对以君行仁政，则有司皆爱其民，而民亦爱之也。夫以饥馑之年，民之老弱死沟壑，壮者散四方，而有司莫肯告君以发仓廪开府库而赈济之，以救其死徙，是有司慢而害民也。……夫仓廪府库，君积之以拯乎民者也，积之于丰稔，散之于荒歉，则民心悦，必亲上死长而忘其身以图报也。夫民忘其身者，凡以得其心故也。财者民之心也，散以财则得其心矣。然则为人君者何为爱其财以失民心哉？不能反己以恤民，此邹穆公之所以不振也。”

湛甘泉上述这段话说明了三个问题：第一，“夫仓廪府库，君积之以拯乎民者也”。仓廪府库里的资源都是公共资源，是丰收之年从人民那里征收来的，目的就是在灾荒之年赈济百姓。第二，地方长官眼见自己所辖地区受灾，人民遭受饥荒而不上报君主以“发仓廪开府库”，不赈济百姓，是地方长官的过失，要受到应有的惩罚。第三，“财者民之心也，散以财则得其心矣”。公共资源来自人民，人民关心公共资源的用途与去向。灾荒之年，统治者不“发仓廪开府库”，就会失去民心，邹穆公便是一个典型的案例。

2. 宋鲍竭其私家之粟以宽贷饥民

《左传》载：“文公十六年，宋公子鲍礼于国人，宋饥，竭其粟而贷之，年自七十以上无不馈诒也，时加羞珍异，无日不数于六卿之门，国之材人无不事也，亲自桓以下无不恤也。”对此，湛甘泉进行了详细的解释，他说：

> “公子鲍，昭公庶弟也。竭粟而贷，竭其私家之粟以宽贷饥民也。无不馈诒者，泽施于老者也。无日不数于六卿之门者，恩逮于贵者也。国之材人无不事，宋国之贤人无不尊事之也。自桓以下无不恤，宋鲍之懿亲无不赈恤之也。夫宋鲍赈宋之饥，惠及于上下亲疎，可谓广矣。”

从湛甘泉的解释来看，公子鲍是“竭其私家之粟以宽贷饥民”的典范。在国家遭受饥荒，公共资源不足或已经用尽的情况下，公子鲍这种行为对缓解人民的苦难、安抚人心具有极大的作用。从社会管理的角度来看，一个人拥有多少财富就应该承担多少责任与义务。一旦两者之间的关系出现失衡，人性就会出现失衡，社会就会动荡不安。

3. 移粟、移民，先王之荒政

《格物通卷一百・赈济下》载：“唐贞元元年，陆贽草大赦制有曰：‘关畿之内，连岁兴戎，荐属天灾，稼穑不稔，谷籴翔贵，烝黎困穷，仓廪空虚，莫之赈赡。每一兴念，悯然痛心。宜令度支江西、湖南见运到襄州米十五万石，设法般赴上都以救百姓荒馑，如山路险阻，车乘难通，仍募贫人令其般运，以米充脚价，务于全活，流庸庶事优饶副朕勤恤。’”湛甘泉评述道：

“移粟、移民，先王荒政之所不废也。……以移粟之济民有限而王政之泽无穷也，德宗移襄州江湖之粟以赈关畿之饥民可谓有仁心矣。”

“抑有余而补不足”的重要措施之一就是“移粟、移民”。所谓的“移粟”，是指将一个地方多余的粮食调配到灾荒之地。“粟”是一切救灾资源的代指。所谓的“移民”，是指将受灾之地的灾民暂时迁移到没有受灾且粮食有余的地区，灾荒过后，这些灾民再返回原地进行生产、生活。

（四）恤穷之法，无为施报

湛甘泉说：“无所为而施报者，天理也，臣故书之以为恤穷者之法焉。”意思是说，救济穷困、饥荒之民，不能谋图回报，这是天理，是“恤穷者之法”。湛甘泉在其著作中引述了许多故事来论述这个观点，下面引述其中的两个故事。

故事一：“司城氏贷而不书”。

《格物通卷九十九·赈济上》载：“襄公二十九年，郑子展卒，子皮即位。于是郑饥而未及麦，民病。子皮以子展之命，饩国人粟户一钟，是以得郑国之民。故罕氏常掌国政，以为上卿。宋司城子罕闻之曰：‘邻于善，民之望也。’宋亦饥，请于平公，出公粟以贷，使大夫皆贷。司城氏贷而不书，为大夫之无者贷，宋无饥人。叔向闻之曰：‘郑之罕，宋之乐，其后亡者也。二者其皆得国乎，民之归也。施而不德，乐氏加焉。其以宋升降乎？’”湛甘泉对此评述道：

“民病者，病于乏食也。饩，犹馈也。出公粟者，出公家之粟以宽贷于民也。使大夫皆贷者，使诸大夫有积者，皆以宽贷于民也。贷而不书，不书于策，施而不以为德也。郑之罕，即子皮氏也。宋之乐，即子罕氏也。夫赈恤之典，固明君急于爱民忧国者之先务，而凡肉食者，亦不可以不谋也。夫平日之所以衣我食我，而给我军国之需者，皆民之力也。令不幸而际遇天灾，衣食不能以自存，宜以其出诸民者报乎民，宁忍坐视其毙而莫之救乎？宋乐郑罕之事真可以为在位者劝矣。”

从湛甘泉的评述来看，第一，救济灾荒之民是统治者应尽的本分，是其职责之所在；第二，统治者手中的粮食等财富本来就是取之于民，当人民遇到灾荒，就应该将来自于人民的粮食财富等返还给人民；第三，既然用来救济灾民的财富本来就是来自于人民的，那么，在进行救济时就不应该有得到相应回报的想法。这三点值得统治者认真、深入地思考。

故事二：“世宗视民犹子，匡救其乏而不责其必偿”。

《格物通卷一百·赈济下》载：“周世宗显德六年二月，淮南饥，上命以米贷之，或曰民贫恐不能偿。上曰：‘民，吾子也，安有子倒悬而父不为之解哉，安在责其必偿也？’”对此，湛甘泉评述道：

“胡寅云：‘称贷所以惠民，亦以病之。惠者，纾其目前之急也。病者，责其他日之偿也。其责偿也，或严其期，或征其耗，或取其息，或予之米而使之归钱，或贫无可偿而督之不置，或胥吏以诡贷而征诸编民，凡此皆民之所甚病也。’世宗视民犹子，匡救其乏而不责其必偿，仁人之心，王者之政也。臣谓胡寅此言其深知称贷之弊，而得世宗之心者矣。夫父母之爱根于同体者也，认得同体仁爱之心何所不至，尚何责其必偿而反病之哉？故人君之学莫大于求仁。”

在上述这段文字中，湛甘泉借胡寅对“称贷”的弊端进行了抨击，对周世宗的行为给予了高度的评价，认为周世宗对人民的爱是根于天性的，其行为与天理相符。

（五）处荒之政，预备为上

湛甘泉说：“处荒之政，预备为上，赈救为下。有备则所济万全，赈救则缓或不及。”从管理学的角度来看，“处荒之政，预备为上”属于事前控制。事前控制要求管理者对未来不确定事件的处理有充分的准备。

1. **国无九年之蓄曰不足**

《礼记·王制》说："国无九年之蓄曰不足，无六年之蓄曰急，无三年之蓄曰国非其国也。三年耕必有一年之食，九年耕必有三年之食。以三十年之通，虽有凶旱水溢，民无菜色，然后天子食，日举以乐。"对此，湛甘泉解释道：

> "蓄，积也。国非其国者，言财不足以守之也。一年三年之食，谓其余积如此也。通三十年之耕，则有九年之蓄矣。故虽有水旱民无菜色，以其有备也，如是则国用长足，民生可遂，而人君之食乃可下咽。天子食、日举以乐者，万物得其所然后和，故乐日作焉。"

可见，湛甘泉充分肯定并继承了先秦儒家关于处理荒政的思想。湛甘泉又说："救饥者，非圣贤意也，势也。夫圣人立法，则三年耕而有一年之积，民未病饥也。惟后世国用无经，取民无制，是以或遇灾旱而民岂能聊生乎？！"

《格物通卷一百·赈济下》载：

> "洪武中，尝遇水旱岁凶，孝慈皇后进食必间设麦饭野蔬，帝因告以赈恤之事，后曰：'妾闻水旱无时，赈恤之有方，不如蓄积之先备。卒不幸有九年之水、七年之旱，将何法以赈之？'帝深以为然。"

湛甘泉对孝慈皇后的思想与行为给予了高度的评价，他说："古者三年耕而有一年之积，九年耕而有三年之积，皆所以为水旱备也。然不但积备而已，又为之检制节俭，所以备不虞者至矣。孝慈皇后天纵圣善，故进食必间麦饭野蔬，所以示俭而先天下也。又知赈恤之有方不如积蓄之先备，可谓救荒之上策者矣，真得母天下之道哉。臣谨录之以为中宫之法焉。"

2. **义仓之制，赈饥之备**

《格物通卷九十九·赈济上》载：

> “隋文帝开皇五年夏五月，度支尚书长孙平奏令民间每秋家出粟麦一石以下，贫富为差，储之当社，委社司检校，以备凶年，名曰义仓。”

“国无九年之蓄曰不足”是从国家的层面论述处荒之政，设立“义仓”则是从民间、村社、个人的角度论述处荒之政。民间、村社、个人平时就要有所储备，设立“义仓”，以便应对灾荒之年。“义仓”是对国家储备的重要补充。因此，湛甘泉说：“义仓之制以为赈饥之备，至今以为善政，平可谓善于谋国者矣。”

宋孝宗淳熙八年（1181），朱熹在提举浙东常平茶盐任上创制了“社仓”，不久，便获得宋孝宗的高度认可，并加以推广。湛甘泉对此评述道：

> “朱熹社仓之立所以备荒也，苟非出于至诚恻怛之心，则又焉能规画之详、法制之善而可以为天下法如是哉？孝宗下其法于诸路，则饥民之受惠不特浙东而已也，后之有赈荒之志者，宜玩焉。”

正是因为出于“至诚恻怛之心”，朱熹才能把“社仓”之制规划得详细、完善，使得广大民众从中受益。至于后来实行中出现的各种问题，湛甘泉说：“法之立也，将以为民；法之行也，反以病民，岂其心固如是哉？社仓之设，本以恤穷也，及其官吏承行之弊，输扰抑勒而有追呼之害者，安在其能恤穷也？况夫人君举动，关天下之欣戚，又非一郡邑之比矣，其立法行惠可不慎哉？”湛甘泉的意思是说，光有好的恤民之法、恤民之制远远不够，还需要在实行的过程中层层把关，严格监督，不让恤民之法、恤民之制走了样，变了味。湛甘泉这种思想在今天仍然具有重要的启示作用。